슬로우 스타터

*슬로우 스타터(Slow starter) - 일반적으로 공부나 스포츠 경기 등에서 초반에는 부진하지만, 중반 이후 최상의 컨디션을 발휘하는 사람이나 선수를 일컫는 말로, 요즘은 뒤늦게 기세를 올리는 사람을 통칭한다.

살면서 승리는 결코 중요하지 않다.

아니, 승리보다도 훨씬 더 중요한 것이 있다.

그것은 바로 얼마나 치열하게 살았느냐는 것이다.

모두가 물러설 때, 마지막까지 버티고 한발 더 내디딜 수 있는 마음,

그 열정과 끈기를 우리는 배워야 한다.

〈뉴욕 양키스〉의 전설적인 포수 요기 베라의 말처럼

끝날 때까지는 결코 끝난 것이 아니기 때문이다.

슬로우

Slow-starter

짜릿하고, 통쾌한 인생 역전의 묘미

스타터

김이율 지음

루이앤휴잇

열정의 차이가 인생의 차이를 만든다

'인생은 길다.'

물론 이 말에 동의하지 않는 사람들도 있을 것이다. 하지만 적어도 이 말에는 동의할 것이다.

'시간은 쏜살과도 같다.'

출근 후 뭔가 좀 해보려고 하면 점심시간이고, 또 몇 시간 후면 퇴근 시간이 된다. 그렇게 하루가 저문다. 퇴근 후에도 마찬가지다. 피곤한 몸을 이끌고 집으로 돌아와 소파에 누워 TV를 보다 보면 어느새 잠이 들어 있다. 뭐 하나 이룬 것 없이 하루가 그렇게 흘러간다. 더구나 빠르다는 것이 경쟁력이 된 시대이다 보니 시간이 더 빠르게 흘러가는 것처럼 느껴진다.

'인생이 길다'라는 것은 단지 시간적인 개념만을 의미하지는 않는다. 그런 의미에서 시간을 '기회'라는 단어와 바꾸는 것도 좋을 듯하다.

'인생에는 무수한 기회가 있다.' 즉, 다시 말해서 삶의 무게와 잦은 실패에 짓눌려 그 자리에 주저앉기에는 아직 이르다는 것이다. 우리 인생에는 반전의 기회 역시 존재하기 때문이다.

살다 보면 누구나 크고 작은 아픔을 수시로 경험하게 된다. 하지만 그 아픔과 고난을 대하는 자세에 따라 삶이 달라지기도 한다. 실패를 통해 무너지는 사람이 있는가 하면, 그 실패로 인해 쉽게 일어나는 방법을 터득하는 사람도 있다. 또 조급함과 서두름으로 인해 일을 망치는 사람이 있는가 하면, 한 걸음 한 걸음 멈추지 않고 꾸준히 전진해 아름다운 열매를 맺는 사람도 있다.

대부분 실패의 늪에 빠진 사람들은 나이가 장애요, 상황은 족쇄라고 생각한다. 그러나 그건 변명에 지나지 않는다. 나이와 상황을 극복하고 인생의 성공과 삶의 가치, 두 가지를 거머쥔 사람이 의외로 많기 때문이다.

당신에게 묻는다.

삶의 실패자로 기억되고 싶은가? 아니면, 끊임없이 도전하는 사람으로 기억되고 싶은가?

이 책은 시작은 느리고 미비했지만, 뒤로 갈수록 강한 사람들, 즉 뒤늦게 기세를 올려 더 큰 성공을 이룬 사람들의 이야기를 담고 있다. 그들을 가리

켜 슬로우 스타터(Slow Starter)라고 부른다.

슬로우 스타터의 본래 의미는 스포츠 경기에서 초반에는 부진하지만, 중반 이후로 최상의 컨디션을 발휘하는 선수들을 일컫는다.

야구경기를 예로 들면, 1회 초부터 기선을 제압하는 투수들이 있는 반면, 어떤 투수들은 3회나 4회부터 구속과 구위가 올라오는 투수들도 있다. 축구 역시 마찬가지다. 전반과 후반이 아주 다른 선수들이 있다. 전반부에는 패스도 못하고 이상한 슛만 날리다가 후반에 패스 마스터가 되는 선수들이 바로 그들이다.

인생 역시 마찬가지이다. 시작은 느리지만 뒤로 갈수록 더욱 기세를 올리는 사람들이 있다. 그 대표적인 예로 1,009번의 실패 끝에 68세라는 나이에 마침내 성공을 거둔 〈KFC〉 창업자 커넬 할랜드 샌더스와 무려 72년 동안 자신을 알아주는 사람이 나타나기를 기다린 강태공, 27번의 실패 끝에 대통령에 당선된 에이브러햄 링컨을 들 수 있다.

그 밖에도 전 세계 아이들을 TV 앞에 모이게 했던 〈꼬꼬마 텔레토비〉를 탄생시킨 앤 우드는 당시 62세의 할머니였으며, 지식과 권력을 위해 악마에게 자신의 영혼을 판 이야기인 《파우스트》는 괴테가 76세 때 제2부를 쓰기로 결심한 후 80세가 넘어서 완성한 작품이다.

그들은 모두 슬로우 스타터였다. 시작보다 뒷심이 강했으며, 뒤로 갈수록 더욱 힘을 냈다. 그렇다면 그 힘은 과연 어디에서 비롯되었을까. 어떤 일에 열렬한 애정을 가지고 열중하는 마음, 즉 '열정'에서 비롯되었다고 할 수 있다. 그들은 쉽게 꺾이지 않는 열정의 소유자들이었다. 이에 수많은 좌절과 난관에도 절망하지 않고 자신의 길을 묵묵히 걸었으며, 마침내 삶의 승리자가 되었다. 그만큼 그들의 삶은 보는 이들로 하여금 짜릿하고 통쾌한 감정을 갖게 한다.

사람마다 모양새와 성격이 다르듯 삶의 속도 역시 각각 다르다.

'인생에 마지막은 없다.'

우리의 인생은 여전히 진행 중이다. 인생의 한복판에 당신은 여전히 존재하고 있으며, 인생의 기회는 여전히 당신에게 향하고 있다. 따라서 아무리 굳게 닫힌 문이라도 지속해서 큰소리로 문을 두드리면 언젠가는 그 문이 열리게 되어 있다.

조금만 더 묵묵히 걸어가자.

조금만 더 열심히 준비하고 노력하자.

넘어진 그 자리에서부터 인생은 또다시 시작된다.

무슨 일이건 쉽게 포기하지 마세요.

언제, 어디서나 길은 있는 법입니다.

슬픔과 괴로움은 빨리 잊어버리고,

삶에 꿈과 열정, 도전정신을 더하세요.

누구에게나 똑같이

한 번밖에 주어지지 않은 삶입니다.

그렇다고 해서 너무 서두르지는 마세요.

좀 늦으면 어떻습니까.

빨리 가는 것보다

제대로 가는 것이 훨씬 더 중요합니다.

쉽고 편안한 환경에서는

강한 인간이 만들어지지 않는다.

시련과 고통의 경험을 통해서만

강한 영혼이 탄생하고 통찰력이 생기며

일에 대한 영감이 떠오른다.

이 모든 과정을 겪은 후에 찾아오는 것은 단 하나,

바로 성공이다.

_ 헬렌 켈러

끝날 때까지는 끝난 것이 아니다

● 01 ●

우리의 삶은 흡사 이종격투기를 방불케 한다. 그만큼 치열하고 한 치 앞을 알 수 없다. 하지만 그럴수록 삶을 재정비하고 앞날을 철저히 준비해야만 한다. 살아왔던 날을 점검하고, 살아갈 날을 더욱 야무지고 단단하게 재무장해야 하는 것이다.

주위를 살펴보면 치열하게 삶을 살아가는 사람들을 적지 않게 발견할 수 있다. 그들에게 있어 삶은 마치 전쟁과도 같다. 그만큼 치열하고 진지하기 그지없다.

영화 〈록키 발보아〉의 한 장면이 유독 기억에 남는다. 록키가 다시 링에 서겠다고 하자, 그의 아들은 한사코 그를 말리고 나선다. 그러자 록키는 아들을 향해 진지한 표정을 지으며 다음과 같이 말한다.

"너 스스로 거듭나는 과정을 결코 멈추어서는 안 돼. 혹시 너 스스로

가 사람들이 "넌 형편없어"라고 말하며 손가락질하도록 만드는 것은 아니니? 하지만 일이 잘못될 때마다 뭔가 비난하고 탓할 거리를 찾는 건 옳지 않단다. 그건 음지 인생이기 때문이야. 너도 이미 알고 있겠지만, 내가 얘기를 좀 해주마. 이 세상은 결코 따뜻한 햇볕과 무지개로만 채워져 있지 않단다. 온갖 추악한 인간사와 더러운 세상만사가 공존하지. 그렇다고 해서 세상을 거칠게 살라는 것은 아니야. 그런 태도는 자신의 영혼을 갉아먹을 뿐이니까. 하지만 너와 나, 그리고 어떤 누구라도 온 힘을 다해서 세상을 살아가야만 해. 얼마나 성공적으로 사느냐가 아니라, 얼마나 삶을 치열하게 살아가느냐가 중요한 것이니까. 그렇게 조금씩 앞으로 나가면서, 그러면서 하나씩 얻어 나가는 거야. 계속 전진하면서 말이야. 그게 바로 진정한 승리야. 옳지 않은 태도로 세상을 살아갈 수도 있어. 하지만 네가 정말 치열하게 살아갈 의지가 있다면 타인의 시선에 연연해 하지 않고도 네가 되고 싶은 사람이 될 수 있는 거야. 그렇다고 해서 겁낼 필요는 없어. 그건 네 모습이 아니기 때문이야. 무엇보다도 너는 훨씬 더 뛰어나고 좋은 사람이니까!"

그렇다. 살면서 승리는 절대 중요하지 않다. 아니, 승리보다도 훨씬 더 중요한 것이 있다. 그것은 바로 얼마나 삶을 치열하게 살았느냐는 것이다. 모두가 물러설 때, 마지막까지 버티고 한 발 더 내디딜 수 있는 마음, 끝까지 포기하지 않고 최선을 다하는 그 열정과 끈기를 우리는 배워야 한다. 〈뉴욕 양키스〉의 전설적인 포수 요기 베라의 말처럼 끝날 때까지는 결코 끝난 것이 아니기 때문이다.

하고 싶은 일에 목숨을 걸어본 적이 있는가

누구나 한 번쯤은 열정적으로 산 기억이 있을 것이다. 중요한 것은 그것이 즉흥적인 것이냐, 아니면 지속적인 것이냐이다.

당연한 말 같지만, 열정의 지속 시간이 길수록 성공할 확률 역시 높다. 단 하루의 열정으로 끝날 것인가, 한 달의 열정으로 끝날 것인가, 아니면 매 순간 목숨이 다할 때까지 열정을 되새기고 되풀이하며 치열하게 살 것인가. 그것이 인생의 차이, 사람의 차이를 만든다. 이처럼 열정은 불가능하게 보이는 일도 가능하게 만든다. 열정 안에는 초인적인 능력이 숨어 있기 때문이다.

세계적인 피아니스트가 있었다. 그의 현란한 솜씨에 사람들은 모두 감탄을 금치 못했다. 이에 수많은 예비 피아니스트들이 그를 찾아와 피아노를 잘 칠 수 있는 비결에 관해서 묻곤 했다.

"선생님, 어떻게 하면 선생님처럼 될 수 있습니까?"

그러자 그는 손가락으로 벽을 가리켰다. 그가 가리키는 벽 한 모서리에는 커다란 종이가 한 장 붙어 있었다. 그리고 그 위에는 다음과 같은 말이 적혀 있었다.

[목숨 걸고 연주하라]

성공한 사람들은 하나같이 자신이 하는 일에 그만큼 치열하고 미쳐있다는 공통점을 가지고 있다. 다시 말해 죽자사자 그 일에 매달리고 거기에 자신의 모든 것을 건다.

가난한 농부의 아들로 태어나 국내 최고의 회사를 일군 정주영 전 〈현대 그룹〉 회장의 신화는 여전히 많은 사람의 마음속에 살아있다. 비록 가진 것은 없지만, 성공을 꿈꾸는 젊은이들에게 희망을 주고, 다시 일어설 힘을 주었기 때문이다.

언젠가 기자 한 명이 그에 성공 비결에 관해서 물었다. 그러자 그는 이렇게 대답했다.

"저는 무슨 일이건 그냥 한 적이 한 번도 없습니다. 모든 일에 목숨을 걸고 했습니다."

그렇다. 그것이 바로 그의 힘이자 성공 포인트였다.

우리나라를 철강 대국으로 만든 〈포스코〉 박태준 명예회장의 삶 역시 정주영 회장의 삶과 꼭 닮았다. 그는 민족의 숙원인 제철소를 건설하기 위해 첫 삽을 뜨던 날 결의에 찬 표정으로 직원들 앞에서 다음과 같이 외쳤다고 한다.

"실패하면 조상들에게 죄를 짓는 것이다. 그러니 목숨을 걸고 해야 한다. 실패하면 우리 모두 우향우해서 영일만 바다에 빠져 죽을 각오로 일하자."

아주 작은 일도 한순간 방심하면 모든 것이 물거품이 되고 만다. 하지만 목숨을 걸면 상황이 달라진다. 목숨을 건 일 외에는 아무것도 보이지 않기 때문이다. 나아가 다른 대안이 없기에 그 일에 열정을 쏟게 되고 일분일초가 간절하게 느껴진다.

매 순간 삶의 온도를 점검하라

사랑을 하려거든 목숨 바쳐라

사랑은 그럴 때 아름다워라

술 마시고 싶은 때는 한 번쯤은

목숨을 내걸고 마셔보아라

　　　… (중략) …

구차한 목숨으로 사랑을 못 해

사랑은 그렇게 쉽지 않아라

두려움에 떨면 술도 못 마셔

그렇게 마신 술에 내가 죽는다.

민중가요 〈바쳐야 한다〉의 노랫말이다.

누구보다도 더 간절해져야 한다. 그러면 가장 앞에 설 수 있고, 가장 위에 오를 수 있다. 목숨을 건다는 게 때로는 너무 숨이 막히고, 감정 역시 건조해질 수 있다. 그러나 어쩔 수 없다. 목숨을 건 사람만이 승리한다는 것은 변치 않는 진리와도 같기 때문이다.

그렇다면 치열한 삶을 살기 위해서는 과연 무엇이 필요할까. 많은 방법이 있겠지만 두 가지면 충분하다. 하고자 하는 의지, 즉 열정과 늘 자신을 자극해주는 내·외적 자극이 바로 그것이다. 이를 요약하면 목표와 라이벌이 된다.

목표와 계획 없이 치열할 수는 없다. 내가 왜 이 일을 해야 하는지 모른 채 날뛴다면 그건 미친 사람에 불과하다. 정확한 목표가 있어야만 쓰러져도 다시 일어날 이유가 생기며 견딜 힘이 생긴다. 또한, 라이벌이 있어야만 더욱 분발할 수 있다. 그렇다고 불특정 다수의 무리와 어울리라는 말은 아니다. 이왕이면 마음에 맞는 사람과 함께 해야 한다. 시기하고 질투하고 경쟁해야 할 라이벌을 정해놓고 그들과 함께 어울려라. 특히 나보다 못한 사람과 어울리기보다는 나보다 더 잘나가고 잘난 사람과 함께 어울리는 것이 좋다. 그래야만 더 자극을 받고 부족한 지금의 나를 벗어나려는 의지가 새록새록 돋아나 그를 능가하는 사람이 될 수 있다.

매 순간 삶의 온도를 점검하라

인생은 누구에게나 한 번밖에 주어지지 않는다. 그러니 제대로 미쳐보는 건 어떨까. 왜 '미쳐야 미친다'라는 말도 있지 않은가. 에디슨은 전기에 미쳤고, 파브르는 곤충에 미쳤으며, 포드는 자동차에 미쳤고, 라이트 형제는 비행기에 미쳤다. 그랬기에 각자 자신의 분야에서 최고가 될 수 있었으며, 지금까지도 그 이름이 수많은 사람의 입에 오르내리는 전설이 될 수 있었다.

최고의 도자기가 탄생하려면 도자기는 자신의 몸을 1,250도로 만들어야만 한다. 그 온도에 이르러야만 흙 속에 있던 유기질이 모두 녹아 밖으로 흘러나오게 되고 아름다운 빛을 발할 수 있기 때문이다. 똑같은 이치로 자신 안에서 뭔가를 향한 열정이 뜨겁게 타올라야만 최고의 내가 될 수 있다. 그러니 매 순간 삶의 온도를 점검할 필요가 있다.

하지만 한 평생에 걸쳐 삶을 열정적으로 산다는 게 그리 쉬운 일만은 아니다. 더욱이 대부분의 사람은 현실이 아닌 멀리만 보고 나아가려고 하는 경향이 있다. 그러나 눈앞을 즉시 할 줄 알아야 한다. 어차피 기나긴 인생도 결국은 하루하루가 모여서 이루어지는 것이기 때문이다. 그러니 오늘 하루, 지금 이 순간을 열정적으로 산다면 자연스럽게 모든 인생을 열정적으로 살게 되는 것이다. 때문에 하루하루의 삶에 최선을 다해야 하고, 자신이 하고자 하는 일에 목숨을 걸어야만 한다.

"실패와 좌절도 살아가면서 해야 할 공부다"

1,009번의 실패, 68세에 희망을 잡다 _ 커넬 할랜드 샌더스

65세에 105달러로 창업, 그리고 1,009번의 실패

켄터키는 미국의 지명이다. 그런데 전 세계 사람들이 마치 자기 동네처럼 친근하게 여기는 이유는 뭘까. 집 주변에서 흔히 볼 수 있는 〈KFC(켄터키프라이드치킨)〉 매장 때문이다. 그렇다면 〈KFC〉 매장 앞에서 사람 좋은 웃음을 머금고 있는 할아버지 동상을 기억하는가. 그 사람이 바로 〈KFC〉를 창업한 커넬 할랜드 샌더스다.

미국인들은 그런 샌더스에게 '패스트푸드의 아버지'라는 별칭을 붙여주었다. 하지만 그의 삶은 그리 평탄하지 않았다. 어쩌면 살아 있는 내내 우여곡절이 많았다는 게 더 옳을 것이다.

그는 6살에 아버지를 여의었고, 12살 때는 어머니가 재혼해 집을 떠났다. 이에 아주 어렸을 때부터 이웃의 농장 일을 시작으로 수많은 직장을 전전해야 했다.

철도 노동자로도 일하던 때는 법률 공부에 매달려 변호사 자격증을 따기도 했다. 그러나 법조계의 검은 거래에 밀린 나머지 자의 반타의 반으로 퇴직하고 말았다. 그 후 보험, 타이어 영업, 페리보트 사업을 하기도 했지만 모두 실패하고 말았다. 다행히 주유소 사업이 성공해 한동안 안정적 삶을 살며 레스토랑 사업에 뛰어들었는데, 곧 식당이 불에 타 버리는 불운을 겪어야 했다.

그러나 그런 불운 속에서도 그는 '켄터키프라이드치킨'의 맛을 완성해내고, 레스토랑 사업을 더욱 번창시키는 등 한동안 성공 가도를 달렸다. 하지만 그것도 잠시. 그의 삶에 다시 검은 그림자가 덮쳤다. 그가 운영하는 식당을 우회하는 새로운 도로가 생기면서 매출이 급격하게 떨어진 것이다. 이로 인해 그는 결국 파산하고 말았다.

그 후 그는 고통스러운 나날을 보내야 했다. 이에 한동안은 술에 절어 지내기도 했으며, 자신의 삶을 후회하기도 했다. 희망이라고는 없는 듯했다.

어느덧 60대에 접어든 그는 어느 날, 굶주리던 어린 시절을 되돌아봤다. 그리고 결심했다.

'이대로 남은 인생을 보낼 수는 없어. 그래, 다시 일어나자.'

"인생이란 마음 먹기에 달려있다"

그때부터 그는 낡은 중고 자동차를 한 대 사들인 후 자신의 유일한 재산인 '프라이드치킨' 요리법을 들고 전국의 식당들을 무작정 찾아 다녔다. 치킨 조리법과 양념 비법을 팔기 위해서였다. 하지만 누구 하나 그의 제안을 받아들이는 사람이 없었다. 그렇게 거절당한 식당만 해도 무려 1,009곳이었다. 그렇게 매일 똑같은 하루가 계속되었고, 3년이란 시간이 흘렀다. 이제 그의 나이도 70세를 바라보고 있었다. 하지만 그는 어떤 역경 속에서도 포기하지 않겠다고 스스로 다짐했다.

'내게 은퇴란 없어. 목숨이 붙어 있는 한 계속 움직일 거야.'

그는 다시 새로운 꿈을 향해 전진했다. 그리고 마침내 기회가 찾아왔다. 1,010번째로 찾아간 레스토랑에서 첫 계약을 따낸 것이다.

첫 계약자의 이름은 피터 하먼이었다. 그의 치킨 맛에 매료된 하먼은 치킨 한 피스당 4센트의 로열티를 지급하는 조건으로 계약을 맺었다. 그리고 '켄터키프라이드치킨'이라는 이름도 제안했다.

"정말 맛있고, 매력적인 치킨이네요. 제가 한번 팔아보고 싶습니다."

"그게 정말입니까?"

깜짝 놀란 그가 반문했다.

"그럼요. 그리고 치킨의 이름은 켄터키프라이드치킨으로 하는 게 어떨까요?"

"켄터키프라이드치킨이라? 그거 아주 좋네요. 이곳 남부 사람들에게 크게 어필할 수 있겠어요."

그렇게 해서 최초의 〈KFC〉가 탄생했다. 무려 1,009번의 실패 끝에 찾아온 기쁨이었다.

이후 〈KFC〉는 프라이드치킨과 샐러드, 음료수로 메뉴를 단순화시켜 체인점을 꾸준히 늘려갔다. 그리고 새로 문을 여는 체인점에 치킨 맛의 결정적인 영향을 주는 11가지 비밀 양념의 완성품만을 공급하며 〈KFC〉만의 비법을 비밀로 유지한 채 큰 성공을 거두게 되었다.

새로운 일을 시작하기에 늦은 나이란 없다

현재 〈KFC〉는 전 세계 80여 개국에서 약 1만3,000여 개의 매장을 가진 세계적인 프랜차이즈로 성장했다.

샌더스의 삶이 우리에게 시사하는 바는 크다. '새로운 일을 시작하기에 늦은 나이란 없다'는 것이 바로 그것이다. 빈털터리 60대에 새 사업에 도전한 그의 삶은 한두 번의 실패와 좌절에 쉽게 쓰러지는 이들에게 '인생이란 마음 먹기에 달려있다'는 것을 보여준다.

그는 무수한 거절의 말을 들으면서도 단 한 번도 포기해야겠다는 생각을 하지 않았다. 오히려 그럴수록 더 힘을 내고, 희망을 품으면서 살았다. 그리고 항상 이 말을 하루에도 수십 번씩 주문처럼 외웠다고 한다.

'내 요리는 완벽해. 나는 절대 실패하지 않아. 나는 틀림없이 성공할 거야.'

그는 이런 말을 남기기도 했다.

"훌륭한 생각, 멋진 아이디어를 가진 사람은 무수히 많습니다. 그러나 행동으로 옮기는 사람은 그리 많지 않습니다. 저는 남들이 포기할 만한 일을 절대 포기하지 않았습니다. 포기하는 대신, 뭔가 해내려고 부단히 노력했습니다. 실패와 좌절의 경험도 인생을 살아가면서 겪는 공부 중 하나입니다. 현실이 슬픈 그림으로 다가올 때면, 그 현실을 보지 말고 멋진 미래를 꿈꾸세요. 그리고 그 꿈이 이루어질 때까지, 앞만 보고 달려가세요. 인생 최대의 난관 뒤에는 인생 최대의 성공이 숨어 있는 법이니까요."

너무 막막하다고, 그래서 포기해야겠다고 말하지 마라.

나는 목에 칼을 쓰고도 탈출했으며,

뺨에 화살을 맞고 죽었다 살아나기도 했다.

적은 밖에 있는 것이 아니라 내 안에 있는 것이다.

나는 거추장스러운 것은 깡그리 쓸어버렸다.

나를 극복하는 그 순간 칭기즈칸이 되었다.

_칭기즈칸

변하고 싶은가, 그렇다면 지금의 나를 버려라

● 02 ●

변한다는 것, 즉 새로운 모습으로 다시 태어난다는 것은 그리 쉬운 일이 아니다. 매일 남보다 더 많은 땀을 흘려야 하며, 간절함이 몸서리치도록 흘러넘쳐야 하기 때문이다. 따라서 변화하지 않으면 죽는다는 각오, 지금이 아니면 영영 뒤처진다는 절박함으로 늘 새로운 변화를 시도해야만 내가 원하는 나로 다시 태어날 수 있다.

철학자 루소는 일찍이 "인간은 두 번 태어난다"고 말한 바 있다. 그러나 두 번으로는 뭔가 부족한 느낌이다. 지금은 그 이상의 재탄생이 필요한 시대이기 때문이다. 한 인간으로의 탄생과 자아 형성을 위한 탄생 외에도 발전하고, 성공하고, 목표를 달성하기 위한 전략적 탄생이 필요하다.

그렇다. 발전된 나, 성공한 나를 만나려면 지금의 나를 버려야 한다. 즉, 지금의 나를 파괴해야만 한다. 한 번 태어난 것에 머물지 않고 매일매일 새롭게 태어나야만 하는 것이다.

새로운 변화를 위한 탄생에는 항상 고통이 따르기 마련이다. 하지만 그 것 때문에 머뭇거리거나 안주해서는 안 된다. 새로운 변화가 두려운 나머지 뒤로 물러선다면 결국 변화의 소용돌이에 휩싸인 나머지 자기 자신은 사라지고 말 것이다.

솔개의 수명은 보통 70살까지라고 한다. 그런데 40살 정도가 되면 선택의 갈림길에 서게 된다. 부리는 가슴 쪽으로 구부러지고 발톱 역시 안으로 굽어진 채 굳어버려 눈앞에 보이는 먹이조차 잡을 수 없게 되기 때문이다. 그뿐만 아니라 깃털 역시 처음보다 훨씬 두꺼워져 날아다니는데 큰 짐이 되고 만다. 한 마디로 40살이 되면 골방 늙은이 신세가 되고 마는 것이다.

그러나 스스로 변하겠다는 독한 마음을 먹고 그 변화를 끌어내면 새로운 인생을 살 수 있다. 다시 말해 혁신의 과정을 통해 더 발전된 나와 만날 수 있는 것이다. 이를 위해 솔개는 바위에 부리가 없어질 때까지 부딪치고 또 부딪친다. 부리가 없어지면 새로운 부리가 자라기 때문이다. 새 부리가 자라면 그것으로 자신의 늙고 쓸모없는 발톱을 일일이 하나하나씩 뽑아낸다. 그러면 그 자리에 새로운 발톱이 자라난다.

그것이 다가 아니다. 거추장스러운 깃털 역시 모두 뽑아낸다. 그리고 몇 개월이 지나면 가볍고 화려한 깃털이 새록새록 돋아나 다시 하늘을 훨훨 날아다니며 새로운 인생을 살게 된다. 하지만 그렇게 되기까지 솔개는 살이 찢어지는 고통과 아픔을 참아야만 한다.

지금 이 순간과 맞서 싸워라

20세기 최고의 영적 스승이라 불리는 오쇼 라즈니쉬는 그의 저서《The Book》에서 매 순간 새로 태어나야 함을 강조한 바 있다.

"현재는 그대의 삶 속에서 가장 미지의 현상이다. 하지만 이 점만은 꼭 명심하라. 그대가 순간을 살았다면 곧바로 그것은 과거라는 사실을. 그 순간, 그것을 버려라. 과거가 아무리 아름다울지라도 그것에 집착하지 마라. 과거는 흘러가고 더는 존재하지 않는다."

그는 과거보다는 현재, 즉 지금 이 순간의 변화를 강조했다. 그렇다고 과거를 무작정 잊고 지우라는 말은 결코 아니다. 현재를 살아가는 데 있어, 미래를 향하는 데 있어, 과거의 기억이나 성취가 도움된다면야 함께 가는 것이 좋지만, 과거가 걸림돌이 된다면 과감히 마음속에서 도려내라는 것이다. 과거로부터 자유로워야만 현재에 충실할 수 있고 그 안에서 새로운 변화를 꾀할 수 있기 때문이다.

《느리게 산다는 것의 의미》의 저자 피에르 쌍소 역시 지금 이 순간의 가치를 중요하게 생각했다.

"그 어떤 사건들보다 나를 가장 흥분하게 하는 것은 '하루'의 탄생이다. 하루의 탄생을 지켜볼 때마다 나는 왠지 모를 충만감을 느낀다. 왜냐하면, 하루는 24시간 매 순간 깨어나서 자신의 모습을 드러내기 때문이다. 그래서 내 눈에는 하루의 탄생이 어린 아이의 탄생보다 더 감동적으로 다가온다. 내일은 또 다른 하루가 태어날 것이다. 그러므로 나는 내일 다시 한 번 미래를 내다보는 사람이 될 것이다."

그렇다. 매일매일 새로운 모습으로 탄생한다는 것은 남들과 다를 뿐만 아니라 앞으로 나아가기 위해서도 꼭 필요한 것이다.

끊임없이 자신을 업그레이드하라

삶은 누구에게나 성공과 행복이라는 열매를 함부로 내어주지 않는다. 내 안의 변화를 먼저 끌어내는 사람, 끊임없이 어제의 나를 탈피하고 새로운 나를 꿈꾸는 사람에게만 그것을 준다. 성공과 행복은 열심히 노력하고 준비하는 사람에게만 주는 특별한 선물과도 같기 때문이다. 이와 관련해서 빌 게이츠는 이렇게 말한 바 있다.

"현재의 제품에 결코 만족해서는 안 된다. 끊임없이 스스로 업그레이드 해야만 한다. 이는 이 제품 역시 시장에서 2~3년 이내에 구식 제품이 될 것이기 때문이다. 자신들에 의해서 혹은 다른 기업의 누군가에 의해서 그렇게 될 것인가의 문제일 뿐이다."

굳이 빌 게이츠의 말을 빌리지 않더라도 우리는 이를 잘 알고 있다. 새로워지거나 변화하지 않으면 곧 도태된다는 사실을.

주위를 한 번 살펴보라. 그 변화가 확연하게 드러나지는 않지만 분명 무엇인가는 끊임없이 변하고 있다. 예를 들어, 올챙이를 한 번 보라. 분명, 어제와는 뭔가 다르다. 어느새 뒷발이 생기고 높이 뛸 채비를 하고 있을지도 모른다. 새끼 독수리 역시 마찬가지다. 낭떠러지 앞에서 더는 우물쭈물하지 않을지도 모른다. 나아가 스스로 몸을 던져 하늘로 비상할 준비를 하고 있을지도 모른다.

기업이 무너지지 않고 발전하려면 어쩔 수 없이 변화의 파도를 일으켜야 한다. 개인 역시 마찬가지다. 변화의 파도에 휩쓸려 희생당하기보다는 파도 위에서 윈드서핑을 즐길 줄 아는 사람이 되어야 한다. 그러자면 먼저 변화를 읽고 새로운 옷을 입어야 한다.

변화에는 결코 긴 시간이 필요하지 않다. 나아가 변화는 시련이나 고난이 아닌 새로운 도약을 위한 잠시의 고통이자 시도임을 알아야 한다.

그렇다. 바로 지금이다. 무엇이든 지금 당장 시작해야만 한다.

"처절한 실패가 오늘의 나를 만들었다"

가난한 이혼녀에서 세계적인 베스트셀러 작가가 되다 _ 조앤 K. 롤링

정부 보조금으로 생활해야 했던 가난한 이혼녀

몹시 추운 겨울 어느 날이었다. 갓난아이를 안은 여자가 초췌한 얼굴로 사회보장국 안으로 들어섰다.

직원은 친절한 표정으로 그녀를 맞았다.

"뭘 도와드릴까요?"

그때 갑자기 아이가 울음을 터뜨렸다. 그러자 당황한 그녀는 아이의 눈을 바라보며 다정하게 말했다.

"우리 아가 배가 고팠구나. 엄마가 일을 마치면 맛있는 분유를 줄게."

그러나 아이의 울음은 쉽게 그치지 않았다.

그제야 그녀는 당황하기 시작했다.

그때 직원이 막대사탕 하나를 내밀었다.

"어머니, 이걸 아이에게 한 번 물려보세요."

"예, 고맙습니다."

그녀는 막대사탕을 아이에게 물렸다. 그러자 신기하게도 아이가 울음을 멈추었다.

"아이가 배가 고팠나 보네요. 그런데 무슨 일로 오셨죠?"

그녀는 잠시 머뭇거리더니 이내 부끄러운 표정으로 말을 꺼냈다.

"저, 저, 저, 정부 보조금을 좀 신청하려고요."

그러면서 생활보호대상자 수첩을 내밀었다.

"아, 그러세요? 그럼 몇 가지만 여쭤보겠습니다. 혹시 남편분은…."

"남편과는 얼마 전에 이혼했습니다."

"그럼, 지금 혼자서 아이를 키우고 계시는가요?"

"네, 그리고 제가 지금 직업이 없습니다. 그래서 생활이 너무 힘듭니다."

"그러시군요. 그럼 제가 정부 보조금을 신청해드리겠습니다."

"감사합니다."

그녀는 사회보장국을 나와 서둘러 집으로 향했다.

잠시 후 냉기가 가득하고 어두침침한 집으로 돌아온 그녀는 어린 딸에게 급히 우유병을 물린 후 서둘러 책상 앞에 앉았다. 한 푼이 아쉬웠기 때문에 자신은 미지근한 물로 주린 배를 달랬다. 그런데 갑자기 그녀의 눈에서 닭똥 같은 눈물이 뚝뚝 떨어졌다. 아이에게 우유조차 충분히 줄 수 없는 무능한 자신이 너무도 한심스러웠기 때문이다. 그리고 그런 엄마를 만난 아이에게 너무나 미안했다.

"아가, 엄마가 가난하고 못나서 정말 미안해."

그렇게 그녀는 아이를 껴안고 한없이 울었다.

글쓰기를 통해 힘겨운 삶을 극복하다

그녀는 영국 웨일즈의 작은 마을에서 태어났다. 대학에서 불문학을 전공한 그녀는 포르투갈에서 영어 강사로 일한 적이 있었는데, 그때 동료와 사랑에 빠져 결혼하고 아이까지 낳았지만, 곧 이혼하고 말았다.

그렇게 해서 결혼에 실패하고, 어린 딸을 혼자 키우면서, 그녀는 심한 우울증에 시달렸다. 이에 자신에 주어진 삶을 그대로 포기하고 싶었던 적이 한두 번이 아니었다. 자신의 어깨를 짓누르는 삶의 무게가 너무도 무거웠기 때문이다.

'이렇게 살아서 뭐해!'

하지만 그때마다 아이의 초롱초롱한 눈망울이 떠올랐다.

'그래, 이 사랑스러운 아이를 혼자 남겨두고 죽을 수는 없어. 반드시 멋지게 성공하고 말 거야.'

사실 그녀에게는 한 가지 꿈이 있었다. 바로 소설을 쓰는 것이었다.

이에 아무리 힘들어도 글쓰기만은 멈추지 않았다. 아무런 보장도 없었지만, 글이라도 쓰지 않으면 힘겨운 삶을 도저히 버틸 재간이 없었기 때문이다.

하지만 한가지만은 확실했다. 자신이 글쓰기를 너무 좋아한다는 것이었다. 사실 글쓰기야말로 그녀의 마지막 꿈이었다. 그래서 주변 사람들이 아무리 비웃어도 그녀는 계속해서 글을 썼다.

며칠 후 그녀는 아이와 함께 마을에 있는 작은 카페를 방문했다. 그리고 카페 주인에게 정중하게 인사를 한 후 다음과 같이 양해를 구했다.

"안녕하세요. 다름 아니라, 저 구석 자리에 앉아서 글 좀 써도 될까요?"

"물론이죠."

"그런데 커피를 자주 시킬 수는 없을 것 같아요. 돈이 없거든요. 한 잔으로 온종일 여기 머물러도 될까요?"

주인은 눈을 깜박이며 잠시 생각하더니, 이내 고개를 끄덕였다.

"좋습니다. 한 잔을 마시든 백 잔을 마시든 당신은 제 손님입니다. 그런데 무슨 글을 쓰려고 하세요?"

그러자 쑥스러운 듯 그녀는 머리를 긁적거렸다.

"아직 구상단계인데요. 판타지 소설을 쓸 거예요. 빗자루를 타고 날아다니는 마법사도 나오고, 귀여운 아이들도 많이 나오는. 말하자면 동화 같은 소설이에요."

"그거 아주 재미있겠군요. 좋은 작품이 써지길 기대하겠습니다."

"네, 감사합니다."

인심 좋은 카페 주인을 만난 덕분에 그녀는 그때부터 카페에서 종일 글을 쓸 수 있게 되었다. 글을 쓰다가 아이가 칭얼대면 젖병을 물려주기도 하고 아이랑 놀아주기도 했다. 그런 그녀의 표정은 참으로 해맑고 아름다웠다. 비록 그녀가 처한 현실은 고단하고 괴로웠지만 불행하다는 생각이 전혀 들지 않았다. 그저 행복했다. 자신이 좋아하는 글을 쓸 수 있었기 때문이었다.

글을 쓰는 동안 그녀는 마법사가 되기도 하고, 마법학교의 교사가 되기도 했으며, 무시무시한 괴물이 되기도 했다. 그러는 동안 그녀의 표정 역시 수시로 바뀌었다. 괴물을 만났을 때는 두려운 표정을 지었고, 뜻하지 않은 선물을 받았을 때는 입이 귀에 걸리기도 했다. 상상은 그녀에게 있어 현실의 아픔과 고통을 이겨내는 마법의 약과도 같았다.

어느덧 시간이 흘러 계절이 몇 번 바뀌었다. 그녀의 소설도 서서히 완성 단계에 이르렀다.

'그래, 이 원고를 출판 에이전트에 보내는 거야. 그렇게 해서 우리 아기 분윳값을 벌어야 해.'

그녀는 두 명의 에이전트에게 원고를 보내려고 했다. 그런데 복사할 돈이 없었다. 할 수 없이 그녀는 또다시 타자를 치기 시작했다. 그렇게 해서 두 에이전트에게 겨우 원고를 보낼 수 있었다. 그러나 결과는 처참하기 그지없었다. 출판사에서 모두 부정적인 반응을 보인 것이다.

"그런 허무맹랑한 책으로는 돈을 벌 수 없습니다."

그녀는 절망감에 휩싸였다. 몇 년 동안 흘린 땀과 열정이 헛되게 느껴졌다.

"세상을 바꾸는 데 마법은 필요하지 않다"

그러던 어느 날, 〈블룸스베〉라는 출판사에서 연락이 왔다.

"원고 잘 읽었습니다. 그리고 솔직히 놀랐습니다. 너무나 재미있었거든요. 다음 편도 아주 기대가 되는군요. 당장 저희랑 계약하시죠."

"저, 저, 정말이세요? 정말로 계약을 하는 겁니까?"

몹시 흥분된 나머지 그녀는 말을 더듬거렸다.

"그렇습니다."

그렇게 해서 그녀가 쓴 소설은 마침내 책으로 출간되었다. 하지만 무명작가였던 탓에 초판은 500부밖에 찍지 않았다. 그런데 얼마 후 놀라운 일이 벌어졌다. 서점으로부터 주문이 폭주하기 시작한 것이다. 한두 곳이 아니었다. 영국에 있는 서점이란 서점은 모두 출판사에 급히 책이 필요하다며 전화를 걸어왔다.

"출판사지요? 여기는 런던에 있는 한 서점입니다. 급히 책이 필요한데 보내주실 수 있나요?"

"네, 어떤 책인가요?"

"《해리포터》라는 책입니다."

그 후 책은 날개 돋친 듯 팔리기 시작했다. 그렇게 해서 고작 초판 500부밖에 찍지 않았던 책은 5백만 부 판매라는 기적을 일궈냈다.

놀라운 것은 또 있다. 총 7권의 시리즈가 더 출간된 《해리포터》는 2백여 개국에서 67개 언어로 번역되어 무려 4억5천만 부라는 경이적인 판매량을 달성했다. 그리고 곧 영화로도 만들어져 전 세계 어린이들에게 꿈과 희망, 상상력을 심어주었다. 이에 그녀는 2000년 영국 엘리자베스 여왕으로부터 작위를 받은 것은 물론 2001년 3월에는 버킹엄 궁에서 찰스 왕세자로부터 대영제국 훈장(OBE)을 받기도 했다. 나아가 하버드 대에서 명예박사 학위를 받기도 했다. 이혼녀에다 정부 보조금으로 어린 딸과 함께 하루하루를 연명했던 그녀가 하루아침에 어마어마한 유명인사가 된 것이다.

그렇다. 그녀가 펴낸 책은 바로 《해리포터》였고, 그녀의 이름은 조앤. K 롤링이었다.

그녀는 한 언론과의 인터뷰에서 이렇게 말한 바 있다.

"실패는 누구나 두려운 일입니다. 하지만 실패가 두려워 아무것도 하지 않는다면 시작도 하기 전에 패배한 것이나 다름없습니다. 세상을 바꾸는 데 마법은 필요하지 않습니다. 그 힘은 우리 안에 이미 존재하고 있으니까요."

나는 삶을 즐거운 것으로 생각한다.

삶은 잠깐 타오르고 꺼지는 촛불 같은 것이 아니기 때문이다.

그것은 내 손에 쥐고 있는 한 활활 타오르는 횃불과 같은 것이다.

그래서 나는 다음 세대에 안전하게 넘겨주기 전까지

할 수 있는 한, 그것이 밝게 활활 타오르기를 바란다.

_조지 버나드쇼

끈기만큼 드러나지 않는 큰 지혜는 없다

● 03 ●

위대한 제왕이 있으면 그 옆에는 제왕을 보필한 뛰어난 참모가 있기 마련이다. 주의 문왕과 무왕에게는 강태공으로 알려진 태공망 여상이, 제 환공에게는 관중이, 한 고조 유방에게는 장자방이라 불린 장량이, 유비에게는 제갈량이, 당 태종에게는 위징과 같은 뛰어난 참모가 있었다.

적벽대전 당시 제갈량의 '지천명知天命'이 없었던들 유비는 이미 대세를 장악한 조조를 결코 이길 수 없었을 것이다. 하지만 하늘의 운세를 읽은 제갈량의 지혜 덕분에 악조건 속에서도 승리할 수 있었다.

'순풍에 불을 붙이면 힘이 들지 않는다順風取下用役不多'라는 말이 있다. 하지만 이를 위해서는 기회를 보는 안목과 함께 기회가 올 때까지 기다릴 줄 아는 인내심이 있어야 한다. 당장 형세가 불리하다고 해서 조급해하고, 유리하다고 해서 경거망동하면 대사를 그르치게 된다.

그렇다. 승리는 기다리는 자의 몫이다. 세상을 도모하는 큰일일수록 인간의 지략보다는 하늘의 기회를 기다릴 줄 알아야 한다. 끈기만큼 드러나지 않은 큰 지혜는 없다.

기다림 끝에 천하를 얻다

주 문왕이 사냥을 가기 전 점을 치자 다음과 같은 점괘가 나왔다.

'오늘 잡을 사냥감은 용이나 호랑이나 곰 같은 동물이 아니라, 평생 그대를 보좌할 뛰어난 신하다.'

얼마 후 문왕은 위수라는 강의 북쪽 기슭에서 낚시를 하고 있던 한 노인을 만났다. 그가 바로 여상이라 불리던 태공망이었다.

세월을 낚으며 때를 기다리던 노인을 향해 문왕이 물었다.

"군주가 모든 것을 밝게 알려면 어떻게 해야 하오?"

그러자 노인은 한참 동안 뭔가를 생각하더니 이내 입을 열었다.

"눈을 밝게 보는 것이 중요합니다. 또 귀는 밝게 듣는 것이 중요하며, 마음은 지혜로운 것이 중요합니다. 천하 만백성의 눈으로 사물을 보면 보이지 않는 것이 없고, 천하 만백성의 귀로 들으면 들리지 않는 것이 없으며, 천하 만백성의 지혜로 생각하면 알지 못할 것이 없는 법입니다. 천하 만백성의 눈과 귀와 지혜를 하나로 모아서 군주에게 전해진다면 결코 군주의 밝음이 가려지는 일은 없을 것입니다."

"그렇다면 나라를 지키려면 어떻게 해야 하오?"

문왕이 다시 여상을 향해 물었다.

"빨래는 해가 머리 위에 뜬 한낮에 말려야 하고, 칼을 빼었으면 반드시 베어야 하며, 도끼를 들었으면 반드시 내려쳐야 합니다. 한낮에 빨래를 말리지 않으면 때를 잃는 것이고, 기껏 칼을 빼고도 아무것도 베지 않으면 좋은 기회를 잃는 것이며, 도끼를 들고도 내려치지 않으면 오히려 화근을 남겨 도적을 불러들이게 됩니다. 또 물은 조금씩 흐를 때 막지 않으면 마침내 큰 강을 이루어 막지 못하고, 불은 막 피어오를 때 끄지 않으면 결국 큰불이 되어 끌 수 없으며, 나무도 떡잎일 때 잘라버리지 않으면 마침내 커다란 나무가 되어 도끼를 쓰지 않고서는 벨 수가 없습니다."

거기까지 들은 문왕은 노인에게 자신의 참모가 되어달라고 간청했다. 사실 문왕의 아버지, 태공은 생전에 성인이 나타나서 자식을 돕고 주나라에 번영을 가져다주기를 간절히 원했다. 이에 문왕은 여상이야말로 아버지가 그렇게 바라던 성인이라고 생각했다. 그런 나머지 그에게 태공이 기다리던 사람이라는 뜻으로 '태공망太公望'이라는 이름까지 하사할 정도였다.

그 후 태공망은 문왕을 도와 정치와 군사적인 면에서 탁월한 능력을 발휘했는데, 특히 군사적인 면에서 중국 참모의 시조라 불릴 정도로 눈부신 활약을 보였다.

나를 알아주는 사람을 만나라

사마천의 《사기》 〈제태공세가〉 편에 의하면, 그의 성은 강 씨지만 봉해진 성을 좇아 여상이라고 했다고 한다. 그는 너무도 궁핍하여 일흔두 살까지 낚시를 하면서 때가 오기를 기다렸다.

흔히 낚시꾼을 비유할 때 '강태공'이라고 한다. 하지만 그는 결코 낚시를 한 게 아니었다. 그가 낚고자 했던 것은 물고기가 아닌 자신의 뜻을 펼칠 수 있게 해줄 수 있는 사람이었다. 이에 강가에서 낚시를 하며 자신의 뜻을 이루게 해줄 사람을 기다렸고, 결국 천하를 평정하는 주인공이 되었다.

"누구보다도 나 자신을 믿어야 한다"

72년의 기다림 끝에 천하를 평정하다_강태공

가슴 속에 큰 꿈을 품고 때를 기다려라

오늘도 여자는 남자를 향해 짜증 섞인 이야기를 늘어놓기 시작했다.

"도대체 언제까지 이렇게 세월만 보낼 거예요?"

하지만 남자는 돌부처처럼 가만히 앉아 있을 뿐이었다.

"뭐라고 대답 좀 해보세요. 정말 답답한 양반이라니까."

잠시 후 침묵이 지겨웠던지, 아니면 남자가 못 미더웠던지 여자가 남
자를 향해 다시 소리쳤다.

"아무리 못났어도 지아비이거늘, 그렇게 함부로 말하면 되겠소?"

남자가 타이르듯 여자를 향해 말했다.

"지아비 도리를 해야 지아비죠."

어험. 남자는 지그시 눈을 감은 채 헛기침만 연방 해댔다.

하지만 여자의 잔소리는 멈출 줄 몰랐다.

"그렇게 앉아서 책만 본다고 쌀이 나옵니까, 고기가 나옵니까? 맨날 책만 보면 집안 살림은 어떻게 꾸려나가라는 거예요. 바느질로 근근이 살아가고는 있지만 이제 저도 눈이 침침해서 더는 이 일을 못 하겠단 말이에요. 그러니 이제 책은 그만 보고 살 궁리 좀 해보세요, 예?"

"부인, 조금만 더 기다리시오. 내가 반드시 호강시켜드리리다."

그 소리에 여자는 그 자리에 철퍼덕 주저앉은 채 한숨을 푹푹 내쉬었다.

"조금만, 조금만 그러다 세월이 얼마나 흘렀는지 아세요? 지금 당신 나이 일흔이에요. 도대체 언제까지 기다리라는 거예요? 저 죽은 다음에 호강시켜주려고요?"

"이제 그만 좀 하시오. 왜 그렇게 보채는 거요."

"보채다니요. 지나가는 사람들에게 물어보세요. 누가 잘못 하고 있는지. 당신은 정말로 이해할 수 없는 사람입니다. 있으나 마나 한 사람이라고요!"

이럴 때는 피하는 게 상책이었다. 남자는 그만 자리에서 일어나 마당 쪽으로 나갔다. 그리고 마당 한쪽에서 뭔가를 주섬주섬 챙겼다.

"또 낚시 가려고요? 참으로 한가하십니다. 저는 먹고살려고 아등바등하는데…. 정말로 너무 하십니다."

"이번에는 아주 큰 대어를 잡아오겠소."

"말 같지도 않은 소리 좀 그만하세요. 그렇게 곧은 바늘에 물고기가 물리기라도 하겠어요?"

"두고 보시오. 때가 절정에 다다르면 분명 기회가 올 거니까. 내 반드시 물고기보다 더 큰 걸 잡을 것이오."

남자는 낚싯대를 어깨에 둘러메고 강가로 향했다.

구름 한 점 없는 푸른 하늘과 나뭇잎을 흔들어대며 날아드는 시원한 바람, 그리고 들릴 듯 말 듯 흐르는 강물까지. 평화로움 그 자체였다.

'이제야 마음이 확 트이는군.'

간절한 꿈은 결국 이루어진다

노인은 강가 한쪽에 자리를 잡고 앉았다. 그리고 낚싯대를 물속에 드리웠다. 여자의 말마따나 이번에도 역시나 곧은 바늘이었다. 노인은 강물 위에서 흔들거리는 낚싯줄을 바라보며 나지막한 목소리로 시조를 읊기 시작했다. 강물도, 물고기도 그리고 시간도 조용히 내려앉아 그의 시조 가락에 귀를 기울이는 듯했다.

해에서 뿜어대는 열기가 조금씩 식어갈 무렵, 그의 옆으로 한 남자가 살며시 다가왔다.

"어르신, 물고기는 많이 잡으셨습니까?"

"보면 모르시오? 여태 한 마리도 못 잡았습니다."

"그런데 정말로 잡을 생각이 있으신가요? 아까부터 계속 지켜봤는데 곧은 바늘만 자꾸 던지시는 것 같던데… 물고기를 잡을 생각도 없으시면서, 왜 낚시를 하시는 겁니까?"

"허허허."

노인은 시원하게 한바탕 웃은 후 말을 이었다.

"물고기에 정신이 팔리면 큰 걸 놓치지 않겠소?"

"큰 거라 하면 뭘 말씀하시는 것인지요?"

"뭐, 이를테면 세월이지요. 아니, 시간이라고 하는 것이 더 옳겠구먼. 뭐든지 시간이 필요하지요. 씨앗을 땅에 뿌렸다고 다음날 바로 열매를 맺는 것 봤소? 물도 주고, 거름도 주고, 사랑도 주면서 묵묵히 시간을 견디며 기다려야만 맛있는 열매가 열리는 법이라오. 그러니 열심히 준비한 후에 뭔가를 기다린다면 좋은 날이 오지 않겠소?"

"물론입니다. 저 역시 시간을 견디며 때를 기다렸는데 그때가 바로 오늘인 것 같습니다. 어르신, 부디 저의 스승이 되어주십시오."

남자는 고개를 숙여 노인에게 예의를 갖췄다. 남자의 갑작스러운 행동에 노인은 어쩔 줄 몰랐다.

"아니, 갑자기 왜 그러시오? 그리고 누구신데 한낱 촌로에 불과한 내게 그런 부탁을 하는 것이오?"

노인은 눈주름을 만들어 남자를 자세히 쳐다보았다. 그리고는 깜짝 놀라고 말했다. 그 남자는 바로 주나라 문왕이었다.

　　"폐하, 제가 그만 큰 실례를 범했습니다."

　　"아닙니다, 괜찮습니다. 그나저나 제가 며칠 전에 점괘를 봤습니다. 북쪽에서 사냥하면 아주 큰 걸 수확할 것이라고 했는데 바로 어르신인 것 같습니다. 제가 지금 이 나라를 새롭게 열고자 하는 데 나라의 기틀을 잡아줄 사람이 필요합니다. 어르신이 바로 그 적임자인 듯합니다. 그러니, 부디 제 스승이 되어주십시오."

　　이에 노인은 기뻐하며 흔쾌히 수락하였다.

　　"저 역시 오랜 세월 동안 때를 기다려왔습니다. 아울러 단 한 분을 기다려왔습니다. 그때가 지금이고, 그분이 바로 주군이십니다."

　　노인은 문왕에게 큰절을 올려 예의를 표했다. 그리고는 낚싯대를 거두어 인정사정 볼 것 없이 꺾어 부셔버렸다.

　　"아니, 아까운 낚싯대를 왜 꺾어버리십니까?"

　　"이제 쓸모가 없습니다. 주군을 모시게 되었는데, 이 낚싯대가 왜 필요하겠습니까."

　　"하하하!"

　　"하하하!"

　　그렇게 두 사람은 서로의 얼굴을 마주 보며 큰 소리로 웃었다. 이미

하나가 된 것이다.

"그럼 조만간 궁으로 모실 테니, 그때 뵙겠습니다."

그 후 노인은 궁에 들어가 자신의 능력과 야심을 마음껏 펼쳤다.

비록 늦은 감은 있었지만, 그 오랜 기다림은 절대 헛되지 않았다. 오히려 더 화려하게 꽃을 피웠다. 문왕을 도와 나라를 크게 융성하게 하였을 뿐만 아니라 문왕의 둘째 아들 무왕과 함께 4만5천의 군사로 72만의 은나라 군사를 대파하여 은나라를 멸망에 이르게 했다.

책 집필에도 게을리하지 않아《육도삼략》을 직접 썼는데, 이는 손무가《손자병법》을 집필하는 데 있어 중요한 참고자료가 되었다. 그가 바로 강태공이었다.

천하를 도모하는 데 성공한 강태공은 수레를 타고 고향 쪽으로 시찰을 갔다.

거기서 아주 낯익은 한 여인을 보게 되었다. 바로 자신의 무능을 타박하며 떠났던 아내였다. 아내의 얼굴은 초췌했고 옷차림 역시 볼품없었다.

강태공은 혼잣말로 중얼거렸다.

'나를 버리고 떠났으면 잘 살 것이지, 저 꼴이 뭐람.'

강태공은 안부라도 전할 겸 아내를 불렀다.

아내는 그를 보고 깜짝 놀랐다.

"영감, 참으로 멋지시오. 왜 이제야 왔소. 그런데 우리 집이 어디요?"

"그게 무슨 소리요. 우리 집이라니?"

"내가 잘못했어요. 그러니 저를 다시 받아주시면 안 되나요?"

강태공은 대답을 회피한 채 부하에게 바가지에 물을 담아오라고 시켰다.

곧이어 부하가 물이 담긴 바가지를 대령했다. 이에 강태공은 그 물을 땅바닥에 쏟으며 아내에게 말했다.

"부인, 여기 바닥에 있는 물을 이 바가지에 다시 주워 담아보시오. 그럼 내가 부인과 다시 살겠소."

"이게 어찌 가능한 일입니까? 한 번 엎질러진 물을 어떻게 담는단 말이오."

이에 강태공은 고개를 끄덕이며 아내를 향해 말했다.

"그렇소. 한 번 엎지른 물은 다시 담을 수 없는 법이요. 인연 역시 마찬가지라오. 한 번 끊어진 인연은 다시 이을 수 없는 법이오. 잇는다고 한들 그게 온전하겠소. 우리의 인연은 여기까지요."

"그래도 같이 산 세월이 있는데, 어찌 이리 냉정할 수 있습니까?"

"모든 것은 부인이 선택한 일이오. 그래서 내가 늘 때를 기다리라고 하지 않았소. 조금만 견뎠다면 모든 것이 다 잘 되었을 것을."

그 후 강태공은 자신의 나라를 열고자 하는 꿈을 품고 제나라를 창건해 초대 국왕이 되었고, 최전성기에는 사방 5천 리의 영토를 보유한 대국으로 성장하기도 했다.

　남들에겐 보잘것없고 무능한 사람으로 보였을지도 모르지만, 그는 분명 달랐다. 가슴 속에 큰 꿈을 품고 그 꿈을 이루기 위해 나름대로 준비를 해왔고 묵묵히 때를 기다렸다. 그랬기 때문에 이 모든 기적이 가능했다. '빨리빨리'를 최고로 알고 있는 이 시대에 그의 이야기는 우리에게 큰 깨달음을 주기에 충분하다.

　"운도 지지리 없는 놈이라고 하늘의 무심함을 탓하지 말라. 내가 수십 년간 낚시를 벗하며 때를 기다리는 동안 조강지처마저 나를 버리고 도망가 버렸다. 검은 머리가 백발이 되고 나서야 문왕 서백을 만나 은나라 주왕을 멸하고 주나라를 세울 수 있었다. 나는 숱한 세월을 낚으며 늙은이가 되었지만, 결코 하늘을 원망하거나 포기 않았으며, 그 인내의 결실이었던 단 한 번의 기회로도 천하를 얻을 수 있었다."

가축에게 짓밟혀 쓰러졌던 보리도

마침내 다시 일어선다.

이슬을 맞고, 햇빛을 쐬고,

대지에 짓이겨 뭉개졌던 줄기도 다시 일어선다.

처음에는 감당하기 어려운 무게로

녹초가 되어버린 사람처럼 허리를 굽히고 있지만

끝내 기운을 되찾아 다시 머리를 들어올린다.

태양은 또다시 떠오르고 살랑살랑 바람이 불어온다.

인간의 삶도 이와 같은 것이다.

_미하일 솔로호프

많이 넘어진 사람일수록 쉽게 일어선다

● 04 ●

누구에게나 반드시 이루고 싶은 꿈이 있다. 좋은 대학을 가고자 하는 사람도 있을 것이고, 자신이 좋아하는 분야에서 최고가 되고 싶은 사람도 있을 것이며, 사랑하는 사람을 만나 행복한 가정을 이루고 싶은 사람도 있을 것이다.

꿈이 있다는 건 그만큼 열정을 가지고 있다는 것이다. 그런 점에서 꿈이 있다는 것만으로도 이미 그 반은 이룬 것이나 다름없다. 그렇다면 나머지 반은 어떻게 해야 채울 수 있을까.

다음 두 가지를 당부하고 싶다.

첫째, 절대 꿈을 빼앗기거나 포기해서는 안 된다는 것이다.

꿈을 향해 달리다 보면 뜻하지 않은 위기가 찾아올 때가 있다. 특히 어떤 때는 극심한 모멸감과 패배감으로 인해 극심한 괴로움과 방황에 시달릴 수도 있다. 하지만 그렇다고 해도 절대 꿈을 포기해서는 안 된다. 많이 넘어진 사람만이 쉽게 일어나는 법을 배울 수 있듯, 위기는 나를 무너뜨리기 위한 것이 아니라 오히려 더 강한 나를 만들기 위한 기회임을 직시해야 한다.

〈애플〉의 전 CEO이자 '혁신의 대가'로 잘 알려진 스티브 잡스 역시 수많은 위기의 순간을 겪었다. 그는 자신의 능력에 대한 자부심으로 가득했지만 안타깝게도 그 누구도 그의 능력을 인정해주지 않았다. 심지어 모 회사의 인사담당자로부터 모욕적인 말도 들어야 했다. 그런데도 그는 꿈을 절대 포기하지 않았다. 오히려 더 좋은 기회를 위한 발판으로 삼았다. 그 결과, 수많은 시행착오 끝에 〈애플〉을 창업했고, 마침내 모두가 인정하는 세계 최고 기업의 CEO가 되었다.

우리 스스로 그것을 포기하지 않는 한, 누구도 우리의 꿈을 짓밟을 수 없고 빼앗을 수 없다. 이 세상에서 가장 강한 것이 바로 꿈이기 때문이다. 따라서 세상이 아무리 비웃고 포기하라고 강요해도 절대 신념과 열정을 버려서는 안 된다. 오히려 똘똘 뭉친 오기와 욕망으로 한 차원 더 높은 꿈에 도전하라. 그러면 분명 꿈과 한 걸음 더 가까워질 것이다.

둘째, 한계를 극복해야 한다.

꿈을 향해 달리다 보면 분명 한계를 느낄 때가 있을 것이다. 그 순간, 머릿속에 다음과 같은 생각이 떠오를지도 모른다.

'더 이상은 안 되겠어. 내 능력은 여기까지야.'

그러나 이런 생각들은 우리의 앞길을 가로막을 뿐 인생에 전혀 도움이 되지 않는다. 스스로 한계를 정하지 않는 한 우리에게 한계란 절대 존재하지 않기 때문이다. 무한한 잠재 능력을 갖추고 있기 때문이다. 그런 점에서 볼 때 한계는 우리의 길을 가로막는 장벽이 아니라 뛰어넘어야 할 장애물에 불과하다.

꿈이 있고, 목표가 있으며, 열정과 의지가 있는 사람에게 한계란 없다. 두려움 없이 앞만 보고 가면 된다. 힘들면 잠시 쉬었다 가도 좋다. 그러나 거기서 포기하고 주저앉으면 안 된다. 너무 조급하게 생각해서도 안 된다.

꿈을 간직한 사람은 결국 그 꿈을 닮아간다

누구나 쉽게 이룰 수 있는 꿈은 진짜 꿈이 아니다. 진짜 꿈은 오랜 시간 가슴에 품고, 가꾸며, 실천해야만 이룰 수 있기 때문이다.

한 사람이 정상의 자리에 오르기까지는 대략 10년 정도 걸린다 한다. 여기서 10년이란 시간은 단순히 흘려보내는 시간이 아니라 그 목표를 이루기 위해 연마하고 매진하는 시간을 의미한다. 예를 들면, 박지성 선수나 김연아 선수는 하루아침에 그 자리에 우뚝 선 것이 아니다. 오랜 시간 동안 간절히 바라고, 땀을 흘리며, 꿈을 향해 한 걸음 한 걸음 내디뎠기에 가능했다.

가슴 속에 꿈을 간직한 사람은 언젠가는 그 꿈을 닮아가기 마련이다. 부디, 우리 모두가 간직한 꿈이 모두 이뤄지는 날이 오기를 바란다. 그러기 위해서는 삶을 길고 멀리 볼 줄 알아야 한다.

밤하늘을 올려다보면 두 가지가 보인다. 하나는 빛, 다른 하나는 검은 어둠이다. 빛은 별이고, 그 외의 것은 모두 어둠이다. 수많은 별 가운데 그 어느 것 하나 스스로 빛을 내지 않는 별은 없다. 빛을 내기 위해선 스스로 열을 뿜어내며 타올라야 한다. 칠흑 같은 어둠이 제아무리 도와준다고는 하지만 스스로 빛을 내지 않으면 어둠과 다를 바 없기 때문이다.

꿈도, 인생도 마찬가지다. 아무리 운이 따르고, 스펙이 뛰어나다고 한들, 스스로 꿈에 대한 목표가 불분명하고, 실천 의지가 약하다면 그 무엇도 얻을 수 없다. 설령, 그것을 이루고자 시도를 한다 해도 오래갈 수 없다.

목표는 바위처럼 확고해야 하고, 실천 의지는 과녁을 향해 날아가는 화살처럼 빠르고 명쾌해야 한다. 누구나 꿈을 가질 권리를 가지고 있다. 하지만 누구나 그 꿈을 이룰 순 없다.

꿈은 수많은 고통과 고난을 동반한다. 그래서 때로는 안락함을 버려야 하기도 하며, 기득권을 포기해야 할 때도 있다.

사실, 꿈을 이루기 위해서 자신의 모든 것을 건다는 것은 매우 어려운 일이다. 그 때문에 대단한 용기가 필요하다. 현실과 꿈 사이에서 심한 갈등이 발생할 수 있을 뿐만 아니라 지금 하는 일에 대한 미련이 발목을 잡을 수도 있기 때문이다. 또한, 꿈과 점점 가까워질수록 더 큰 고통이 따르고 포기하고 싶은 마음이 더 강해질 수도 있다. 다행스러운 건 꿈을 실현할 가능성은 누구나 다 가지고 있다는 것이다. 그 가능성은 바로 '절박함'과 '간절함'이다.

꿈을 갖되, 그 꿈이 간절해야 한다. 아니, 절박해야 한다. 그것 외에는 선택의 여지가 없어야 하며, 그것이 아니면 더는 물러설 자리가 없어야 한다. 꿈이 위태롭거나 위협을 받게 되면 신기하게도 꿈은 더더욱 강해지고 선명해진다.

적은 밖에 있는 것이 아니라 내 안에 있다

《손자병법》에 '분주파부焚舟破釜'라는 말이 나온다. 글자 그대로 '배를 불사르고 솥을 부순다'는 뜻이다.

초나라 항우가 진秦나라와 거록鉅鹿에서 싸울 때의 일이다. 항우는 3만 병사를 이끌고 진나라를 치기 위해 진군했다. 그때 진나라의 병사 수는 20만에 육박했다. 항우의 병사보다 무려 7배나 많았던 셈이다. 그러니 수적으로는 도저히 승산이 없는 싸움이었다. 하지만 항우는 승리를 자신했다. 그리고 병사들에게 강력한 동기부여를 했다.

그는 강을 건너자마자 배를 물속에 가라앉혀 병사들이 도망가지 못하게 만들었다. 그리고 솥을 때려 부숴 3일분의 식량만을 배급한 후 병사들을 향해 이렇게 말했다.

"이제 우리는 더는 돌아갈 곳도 없으며, 먹을 것도 없다. 즉, 더는 물러설 곳이 없다. 그러니 여기서 살아나가려면 죽을 각오로 싸워야 한다."

이에 선택의 여지가 없었던 병사들은 죽기 살기로 싸웠고, 마침내 기적과도 같은 승리를 거둘 수 있었다.

《해리포터》시리즈의 작가 조앤 K. 롤링 역시 '분주파부'의 각오로 세상을 살아왔다. 알다시피, 그녀에게도 혹독한 시절이 있었다.

이혼 후 그녀는 젖먹이 딸과 함께 단칸방에서 정부 보조금으로 어려운 삶을 살아야 했다. 그러다 보니 아이에게 먹일 분유가 없어서 손가락을 빨린 적도 있었다. 삶이 그녀를 최악의 상황으로까지 몰고 간 것이다. 하지만 그녀는 결코 꿈을 포기하지 않았다. 쓰러지려는 순간, 다시 한 번 더 이를 악물고 전진했다. 그리고 마침내《해리포터》를 통해 세계 최고의 베스트셀러 작가가 되었다.

항우와 조앤 K. 롤링에게는 공통점이 있다.

첫째, 그들은 목표와 꿈이 확고했다.

둘째, 그들에게는 다른 선택의 여지가 없었다. 즉, 절박했다.

셋째, 그들은 아무리 힘들더라도 끝까지 포기하지 않았다.

그들에게 있어 부와 명예는 그들의 절대가치가 아니었다. 그들이 추구하는 절대가치는 바로 불가능을 가능으로 바꾸고 싶은 뜨거운 열망이자, 꿈을 성취하고자 하는 강렬한 욕구였다.

'꿈은 꾸는 만큼 이루어진다.'

이 말을 명심해야 한다. 이에 오늘부터 당신의 꿈과 목표를 칼끝에 세우고, 절벽 끝으로 내몰아 더더욱 단단하게 만들어야 한다. 그러다 보면, 어느 순간 세게 눌러놨던 스프링이 힘차게 튀어 오르듯 지금보다 훨씬 더 높게 비상하고 있는 당신을 발견할 수 있을 것이다.

"천천히, 그러나 절대 뒤로는 가지 마라"

27번의 실패 후 51세에 대통령에 당선되다 _ 에이브러햄 링컨

고단한 삶과 힘겨운 역경을 극복한 인간승리의 표본

어느 시대, 어느 나라를 막론하고 지도자는 막중한 책임을 갖고 있다. 하지만 그 책임을 다하지 못하는 지도자들 역시 많다. 그런 의미에서 링컨은 지도자의 책임은 물론 도덕성을 겸비했던 탁월한 지도자 중한 사람이었다. 이에 미국인들의 상당수는 아직도 가장 존경하는 대통령으로 링컨을 뽑는데 주저하지 않는다. 그뿐만 아니라 전 세계의 유명정치인들 역시 링컨을 자신의 롤 모델로 삼는 경우가 적지 않다. 그 이유는 과연 무엇일까.

흑인 노예 해방과 미국의 분열을 막아 국가적 통합을 유지했다는 점도 있지만, 그보다는 고단한 삶과 힘겨운 역경을 극복하고 위대한 성공을 거둔 인간승리의 표본이기 때문이 아닐까 싶다.

1863년 1월 1일, 남북전쟁의 전황이 북부에 유리해지고 있던 시점에 미합중국의 에이브러햄 링컨 대통령은 흑인 노예해방을 선언했다. 그는 이 선언을 통해 반란 상태에 있는 여러 주의 노예를 전부 해방한다고 밝힌 뒤 해방된 흑인들에게도 옛 주인들에 대한 폭력을 삼가고 적절한 임금으로 계속 일할 것을 당부했다. 그러자 귀족들의 반발이 이어졌다. 하지만 링컨은 노예해방을 강행했다.

그는 1809년 2월, 미국 켄터키 주 하딘에서 태어났다. 그의 아버지 토머스는 날품팔이와 사슴사냥, 구두를 만들어서 생계를 유지했다. 어머니는 옥수수 농사를 지었다. 그러다 보니 생활이 그리 넉넉하지 않았고, 밥을 굶는 일도 잦았다.

그런 그에게 있어 학교는 사치였다. 그러니 당연히 글을 읽을 줄도 쓸 줄도 몰랐다. 그런데도 그는 행복했다. 다정한 아버지와 어머니, 그리고 그를 특별히 아껴주는 누나가 있었기 때문이다. 특히 그의 어머니는 그에게 삶에 관한 다양한 지혜를 가르쳐주었다.

"엄마, 우리 집은 왜 가난해?"

"가난해서 불편한 게 많지? 하지만 꼭 그게 나쁜 것만은 아니란다. 네가 나중에 훌륭한 사람이 되면 이 가난이 오히려 큰 도움이 될 수도 있을 거야. 가난하고 힘없는 사람 편에 설 수 있을 테니까. 그러니 꿈을 가지렴. 밤하늘에 빛나는 별처럼 말이야."

사실 어린 그에게 가난은 견디기 힘든 고통이었다. 그러나 그보다 더 큰 고난이 그를 찾아왔다.

그가 여덟 살 되던 해, 어머니가 '우유병'에 걸리고 만 것이다. 우유병은 독이 있는 풀을 먹은 소의 우유를 마시면 걸리는 병으로 어지러움과 구토는 물론 불완전한 심장 박동으로 인해 쇼크까지 올 수 있는 치명적인 병이었다. 결국, 그의 어머니는 돌아올 수 없는 강을 건너고 말았다.

어머니를 잃은 상실감은 컸다. 날마다 눈물이 났고 가슴 한복판이 뻥 뚫린 듯했다. 그런데 설상가상으로 아버지가 아무 말 없이 집을 나가 돌아오지 않았다.

결국, 그는 누나와 단둘이 남게 되었다. 밤이 되면 포효하는 표범과 늑대 소리에 벌벌 떠는 날이 반복되었다.

"괜찮아, 누나가 옆에 있으니까, 아무 걱정하지 마."

몇 달 후 아버지가 새엄마와 함께 돌아왔다. 그러자 생활이 조금씩 안정을 되찾기 시작했다.

글도 배울 수 있었고, 새엄마가 건네준 〈이솝우화〉나 〈워싱턴 전기〉 등의 책도 접할 수 있었다. 그러나 그것도 잠시. 또 다른 고난이 그를 찾아왔다. 자신을 끔찍하게도 챙겨주던 누나가 출산 중에 죽고 만 것이다.

누나는 죽어가면서 그에게 이런 말을 남겼다.

"링컨, 넌 똑똑한 아이니까 나중에 큰 인물이 될 거야. 그러니 아무리 힘들더라도 꼭 그것을 이겨내야 해."

"알았어, 누나. 힘드니까 그만 말해."

엄마와도 같았던 누나였기에 그 상실감은 더욱 컸다. 이에 그때부터 그는 죽음에 대한 두려움을 갖게 되었다.

불운의 아이콘, 그러나 한순간도 절망하지 않다

세월이 흘러 성인이 된 그는 우체국에서 일하며, 일리노이 주 주의원 선거에 출마하기도 했다. 그러나 결과는 불을 보듯 뻔했다. 낙선이었다. 이어 친구와 잡화점 사업을 시작했지만, 이 역시 실패하고 말았다. 친구가 문제였다. 열심히 모은 돈을 술과 노름으로 탕진했기 때문이다. 그의 성실함만으로는 사업을 일으키는 데 한계가 있었다. 그러던 어느 날, 문제만 일으키던 친구가 갑자기 죽고 말았다. 어머니와 누나에 이은 가까운 사람의 세 번째 죽음이었다. 그런데 그만 문제가 생겼다. 친구의 빚이 고스란히 그의 몫이 된 것이다. 이에 그는 무려 14년 동안 그 빚을 갚아야 했다. 그의 삶은 그렇게 점점 황폐해져 갔다.

얼마 후 그에게도 사랑이 찾아왔다. 하지만 그 사랑 역시 안타깝기 그지없었다. 그가 흠모했던 여인은 눈이 유난히 맑고 얼굴이 고운 '앤 러틀리지'라는 이름을 가진 아가씨였다. 물론 그녀 역시 그의 성실함과 열정에 호감을 느끼고 있었다. 이에 두 사람은 가끔 꿈과 인생에 대해 공유하며 점점 사랑을 키워나갔다.

그러나 하늘은 그에게 행복을 허락하지 않았다. 언덕 하나를 넘으면 다시 또 다른 언덕이 나타났고, 그 언덕을 넘으면 또다시 고난이 저만치서 그를 기다리고 있었다. 앤이 그해 유행하던 전염병에 감염되어 죽고 만 것이다. 이에 주위 사람들이 그를 위로하고 나섰지만, 전혀 위로가 되지 않았다. 하늘이 무너질 듯한 슬픔에 차라리 죽고 싶었다.

"모든 것이 끝났습니다. 누가 이 슬픔을 이해할 수 있겠습니까?"

그러자 가슴 속에 잠재되어 있던 우울한 감정이 한꺼번에 터져버렸다. 그는 비가 내리는 밤이면 우산도 없이 길거리를 헤매며 고함을 지르고 괴로워했다. 이에 훗날, 그는 그때 정신이 나갔었다고 스스로 인정했다. 그만큼 괴로웠고 고통스러웠다. 사랑하는 사람을 연달아 잃었는데 어찌 미치지 않을 수 있겠는가. 결국, 그는 극도의 신경쇠약으로 6개월 동안 병원에 입원하기에 이르렀다.

그 후 그는 변호사가 되었고, 결혼도 하게 되었다. 아이들도 낳았지만, 고난은 여전히 그에게서 떠나지 않았다. 4살 난 어린 아들을 병으로 잃어야 했기 때문이다. 또 그즈음 아버지와도 사별해야 했다.

본격적으로 뛰어든 정치판 역시 힘겨운 싸움의 연속이었다. 주 의회 대변인 선거와 하원의원 선거, 상원의원 선거에서 연거푸 낙선의 쓴잔을 맛봐야 했다. 부통령 후보 지명전에서도 패배했다. 그러나 그는 주저앉지 않았다. 멈추지 않고 계속 걷다 보면 분명 목표한 지점에 도달할 것이라고 굳게 믿었다. 그러다 보니 그의 나이도 어느덧 쉰이 넘었다. 살아온 날보다 살아갈 날이 적게 남은 시기였다.

어느 날, 그는 자신이 걸어온 길을 되돌아봤다. 잠깐의 기쁨과 행복도 있었지만 대부분 고난의 연속이었다. 그런데도 전혀 후회는 없었다. 매 순간 최선을 다했기 때문이다.

'아직 끝나지 않았어. 이제 단단해질 대로 단단해졌어. 그 무엇도 나를 꺾을 수 없어.'

그는 대망을 품었다. 대통령이 되기로 한 것이다. 그리고 마침내 그 대망을 이루었다. 1861년 3월 4일, 마침내 미국 제16대 대통령으로 취임한 것이다.

27번의 공식적인 실패와 극적인 승리

대통령이 되어서도 그의 고난은 계속되었다. 전대미문의 위기상황이 계속되었기 때문이다. 더욱이 그의 주위에는 믿을 만한 사람이 없었다. 그의 주위에는 소위 '인의 장막'이 없었다. 그에게는 일을 도와주는 3명의 비서가 유일한 측근이었으며, 일주일에 두 번씩 일반인들을 만나는 것이 고작이었다.

그의 삶을 연구한 사람들은 그가 무려 27번의 공식적인 실패를 거쳤다고 말한다. 하지만 그에게 있어 실패는 더 큰 사람이 되기 위한 과정이자 경험에 지나지 않았다.

　　그는 우리에게 끊임없는 도전의 힘과 열정이 인생에 얼마나 큰 영향을 미치는지 몸소 증명했다. 나이가 많아도, 상황이 좋지 않아도, 꿈을 버리지 않으면 결국 승리한다는 것을 보여준 것이다.

　　그는 이렇게 말한다.

　　"내가 걸어온 길은 참으로 미끄러웠다. 그 과정에서 나는 수도 없이 넘어졌다. 하지만 나는 그 길 위에서 이렇게 말했다. '그래도 낭떠러지는 아니잖아.' 나는 묵묵히 준비했고, 천천히 걸었다. 하지만 절대 뒤로는 가지 않았다."

우리가 인생을 소중하게 여길수록

인생은 더욱 풍부해지고, 아름다워지며, 행복해진다.

그렇게 되면 우리는 인생을 그저 단순하게 사는 것이 아니라

제대로 경험할 수 있다.

_알베르트 슈바이처

다른 사람이 아닌 '나의 삶'을 살라

● 05 ●

'나는 도대체 누구이며, 지금 뭘 하는 걸까?'

살다 보면 문득 이런 생각이 들 때가 있다. 이처럼 자신이 누구이며, 뭘 하고 있는지, 삶의 의미와 목적을 생각하게 되는 이유는 바로 '자의식' 때문이다. 그렇다면 왜 갑자기 그런 생각이 드는 것일까. 지금의 생활이 만족스럽지 않거나, 누군가에게 종속된 삶을 살고 있기 때문이다. 그렇다고 절망적인 것은 아니다. '나는 누구지?' '지금 뭘 하는 거지?'라는 질문 속에는 '나는 새로워질 거야'라는 열망과 각오가 숨겨져 있기 때문이다. 이는 곧 '가짜 나'의 삶을 버리고 진짜 인생을 멋지게 한 번 살아보겠다는 선언이기도 하다.

지금까지 당신의 삶은 어땠는가. 혹시 이미 만들어진 관습의 테두리에서 벗어나지 못한 채 순종적인 삶을 살아오지는 않았는가. 늘 변명거리와

핑계를 준비하며 새로운 것에 대한 도전을 거부해오지는 않았는가.

진짜 인생은 자신의 선택으로부터 시작된다. 하기 싫은 일을 평생 한다고 해서 누가 알아주는 것도 아니고, 누군가의 지시나 명령에 순종한다고 해서 상을 주는 것도 아니다. 다른 사람의 충고는 받아들이되, 결국 모든 것은 자신의 감각과 이성, 전략에 의해 판단하고 선택해야 한다.

자의식이 강할수록 행복한 삶을 살게 된다

자의식이 강한 사람은 자신의 선택과 판단에 신념이라는 에너지를 불어넣는다. 그래서 자신이 택한 일로 인해 자신이 더 힘든 상황에 부닥친다고 해도 크게 실망하지 않는다. 자신에 대한 믿음이 있기 때문이다. 이에 후회가 없고, 핑계를 대지 않으며, 환경을 탓하지도 않는다.

하지만 자의식이 약한 사람은 잘못에 대해 책임지려고 하지 않을 뿐만 아니라 상황을 피하거나 숨기기에 급급하다. 그럴 경우, 순간의 위기는 모면할 수 있을지 모르지만 그때부터 자신의 진짜 삶은 사라지게 된다.

자의식은 뿌리와도 같다. 따라서 흔들리지 않고 자신의 신념대로 살기 위해서는 냉철하고 객관적인 시선으로 자신을 바라볼 줄 알아야 한다. 그래야만 진짜 삶이 시작되기 때문이다.

스티브 잡스는 스탠퍼드대학 졸업식에서 다음과 같이 말한 바 있다.

"아시겠지만, 저는 대학을 졸업하지 않았습니다. 포틀랜드 리드대학에 6개월 다닌 후 그만둔 것이 다입니다. 그만둔 데는 이유가 있습니다. 제 생모는 미혼의 젊은 대학생으로 형편상 입양을 원했는데 대졸자 부부를 원했습니다. 이에 생모는 변호사 부부를 선택했지만, 딸을 원했던 변호사 부부는 저를 포기하고 말았습니다. 결국, 저는 다른 부부에게 입양되었는데, 그들은 대학을 나오지 않았습니다. 이에 생모는 몇 달 동안 서류에 사인을 해주지 않다가 '대학에 꼭 보내겠다'는 약속을 받은 후에야 그 부부에게 저를 보냈습니다. 그로부터 17년 후 저는 정말로 대학에 진학했습니다. 그러나 학비가 스탠퍼드대학과 맞먹을 만큼 비쌌습니다. 양부모는 생모와의 약속을 지키기 위해 밤낮으로 열심히 일했지만, 학비가 부족한 나머지 그때까지 저축한 돈을 모두 써야 했습니다. 이를 지켜본 저는 한 학기가 지난후 진지하게 고민하기 시작했습니다. 저는 제가 뭘 원하는지 몰랐고, 대학이 그걸 어떻게든 알게 해줄지 알았지만, 대학이 어떤 도움도 주지 않는다는 걸 알게 되었습니다. 그래서 더는 학비 때문에 양부모를 힘들게 하고 싶지 않아 대학을 그만두게 되었습니다."

이렇듯 스티브 잡스가 인생에서 첫 번째로 내린 결정은 대학을 그만두는 것이었다. 이에 주위 사람들 모두가 말리고 나섰지만, 그는 자신의 결정을 존중했다. 그리고 그 결정을 계기로 진짜 인생을 살게 되었다.

자신을 제외한 다른 사람들은 삶의 보조자에 지나지 않는다

지금까지의 삶을 되돌아보라. 다른 누군가의 판단이나 명령에 근거해 살아온 것은 아닌지, 하고 싶은 일을 시도조차 하지 못한 채 포기하며 살아온 것은 아닌지 점검할 필요가 있다.

나에 대해서 가장 잘 아는 사람은 과연 누구일까. 바로 나 자신이다. 자신의 장점은 무엇이며, 단점은 무엇이고, 능력이 어디까지인지 나보다 나에 대해서 더 잘 알고 있는 사람은 결코 없다. 그런데도 우리 대부분은 내면의 두려움 때문에 자신의 능력을 평가절하하곤 한다.

우리는 모두 스스로 판단할 수 있는 판단력과 결정권을 가지고 있다. 다만, 그것을 실행하지 못하는 이유는 다른 사람들의 판단이나 선택에 의해 살아왔던 삶에 익숙하고, 나아가 다른 사람들이 과연 나를 어떻게 생각할까에 대한 막연한 두려움이 있기 때문이다.

언제까지 다른 사람들의 시선과 관념에 자신을 맞출 것인가. 인생 설계도를 누군가가 그려줄 수는 있지만 완성하는 건 바로 자기 자신이다. 결국, 자기 자신을 제외한 모든 사람은 삶의 보조자에 지나지 않는다.

진짜 인생을 살아야 한다

그렇다면 진짜 인생을 살기 위해서는 어떻게 해야 할까.

첫째, 최고의 실력을 쌓아야 한다.

뭐든지 실력이 있어야 한다. 나이가 어려도, 가진 것이 없어도, 배움이 짧아도, 자기 분야에서 최고의 실력만 쌓는다면 그 누구도 감히 나를 무시하지 못한다. 하지만 실력이 없으면 결국 다른 사람에게 의지하게 된 나머지 자신의 의지와 상관없는 일을 하게 된다. 그 결과, 일에 대한 만족도 역시 떨어지며 자신감 역시 사라지게 된다.

실력을 쌓으려면 라이벌을 한 사람 정한 후 그 사람을 따라 하는 것이 좋다. 그러면 목표가 생기고 실력이 자연스럽게 쌓이게 된다.

도요토미 히데요시는 그가 섬기던 오다 노부나가를 라이벌로 생각하고, 그의 말과 행동을 흠모하며 그와 같은 사람이 되고자 노력했다. 그 결과, 오다 노부가도 이루지 못했던 일본 전국을 최초로 통일할 수 있었다.

둘째, 흔들리지 않는 곧은 신념을 지녀야 한다.

신념은 자기 자신에 대한 믿음, 이루고자 하는 일에 대한 강한 열망, 반드시 해내고 말겠다는 독한 의지의 표출이다. 따라서 한 번 굳어진 신념은 그 무엇이 방해하건, 그 누가 굴복시키려 하건 간에 쉽게 무너지지 않는다. 오히려 시간이 지날수록 강한 소망이 되고, 마침내 엄청난 힘을 발휘해 목표를 이뤄내게 한다. 하지만 의심과 두려움에 조금이라도 자리를 내주게 되면 모래성처럼 힘없이 무너지는 것이 또한 신념이다.

셋째, 승부수를 띄워야 한다.

기회는 자주 찾아오는 것이 아니다. 따라서 기회다 싶으면 승부수를 띄울 줄 알아야 한다. 승부수를 띄운다는 건 목숨을 걸 만큼 집요하고 끈질겨야 한다는 것이다.

누구나 다 집요함과 끈기를 가지고 있다. 어린아이들은 갖고 싶은 장난감을 발견하면 그것이 아슬아슬한 책상 위에 있더라도 결국 기어서 거기까지 가고야 만다. 잘못되어서 떨어질 수도 있으며, 다칠 수도 있다는 생각은 전혀 하지 않는다. 오직 목표에만 집중하고 전진할 뿐이다. 하지만 나이를 먹을수록 생각이 많아지고 두려움이 많아진다. 그렇다. 기회가 왔다 싶으면 어린아이의 집요함과 무모함이 필요하다. 절대로 도중에 정지 스위치를 눌러서는 안 된다.

"성공은 재능이 아닌 의지의 결과다"

53세에 〈맥도날드〉 왕국을 세우다 _ 레이 크록

남다른 기회 포착 능력

하루 약 5,400만 명의 고객이 찾는 세계 최대의 프랜차이즈 기업인 〈맥도날드〉는 〈코카콜라〉, 〈스타벅스〉와 함께 맛의 세계화를 이룬 상징적인 브랜드다. 그렇다면 전 세계 120여 개국, 31,000개의 매장을 거느리며 50년 넘게 장수해 온 〈맥도날드〉의 성장과 유지의 원동력은 과연 무엇일까.

여기에는 53세라는 늦은 나이에 사업에 뛰어든 한 남자의 분투기가 숨어 있다. 종이컵과 멀티믹서기 영업사원이었던 그는 무일푼으로 시작해 억만장자가 되었을 뿐만 아니라 수만 명을 백만장자로 만들었다.

그 남자의 이름은 레이 크록으로 남다른 기회 포착 능력을 갖추고 있었다. 사실 그는 1950년대 까지만 해도 패스트푸드점이 유행할 것이란 생각을 전혀 하지 않았다. 하지만 맥도날드 형제가 발명한 기계를 보자마자 그것이 음식의 역사를 단박에 바꿀 것이라고 예견했다. 그 기계를 이용한 패스트푸드 체인점사업이 유망하리라는 것을 단번에 감지한 것이다.

그는 1902년 시카고 오크파크에서 태어났다.

어린 시절부터 활동적이고 쾌활했던 그는 글을 보거나 사색하는 것보다는 움직이는 걸 좋아했으며, 말을 행동으로 옮기는 것을 좋아했다.

고등학교 시절, 그는 레모네이드 장사가 하고 싶었다. 막연한 생각이었지만 잘 될 것이라는 믿음이 있었다. 이에 바로 장사를 시작했다.

"시원한 레모네이드 한 잔 드세요. 아주 맛있습니다."

"여기 한 잔 주게. 그런데 학생 같은데 어떻게 이런 장사를 할 생각을 했나?"

"예, 저는 행동파거든요. 자, 여기 있습니다. 맛있게 드세요."

그렇게 장사는 그럭저럭 잘 되었다.

"안정은 도태이자 퇴보"

그는 성인이 되기 전에 결혼하고 싶었다. 자신만의 가정을 갖고 싶었기 때문이다. 그런데 결혼만 한다고 해서 모든 것이 해결되는 게 아니었다. 먹고사는 문제를 해결해야 했기 때문이다.

어느 날, 아버지가 그를 불렀다.

"결혼하고 싶다면 먼저 안정적인 직장을 구한 후에 하렴. 가정을 꾸미려면 안정된 직장이 필요하니까."

이에 그는 부지런히 직장을 알아봤고, 얼마 후 〈릴리〉라는 종이컵 회사에 취직할 수 있었다. 그렇게 세일즈맨으로서의 삶이 시작되었다.

이후 그는 17년이라는 세월 동안 종이컵을 팔기 위해 전국 방방곡곡을 누볐다. 워낙 땅이 넓은 나라이다 보니 이동하는 게 여간 힘든 게 아니었다. 비좁은 운전석에 앉아서 온종일 운전만 해야 하는 날이 수없이 반복되었다. 그런데도 그는 묵묵히 그 고통을 이겨냈다. 한 집안의 가정이었기 때문이다.

그러던 어느 날, 그는 중대한 결심을 한다.

"여보, 회사를 그만뒀으면 해."

"왜요? 무슨 일 있어요?"

"다른 일을 하고 싶어. 며칠 전에 밀크셰이크를 만드는 '멀티믹서기'라는 제품을 봤는데 그걸 판매하려고 해."

"지금 당신이 스무 살 청년인 줄 아세요? 새로운 건 위험해요."

"물론 그렇지. 하지만 그 자리에서 계속 머무는 건 더 위험해."

그는 안정은 도태이자 퇴보라고 생각했다. 이에 주저하지 않고 멀티믹서기의 총판을 맡았다. 그러나 처음에는 잘 되나 싶더니 이내 하향

곡선을 그리기 시작했다. 역시나 의욕만으로 시작할 게 아니었다.

　세월이 흘러 그도 어느덧 50대가 되었다. 여전히 그는 전국에 있는 레스토랑을 돌아다니며 멀티믹서기를 팔았다. 그러던 어느 날, 샌버나디노라는 도시에 있는 〈맥도날드 레스토랑〉을 방문하게 되었다. 그곳은 모리스와 리차드 맥도날드 형제가 운영하는 곳으로 자동차를 탄 채로 음식을 주문할 수 있었다. 한 마디로 획기적인 시스템에 의해서 운영되고 있었다. 그래서인지 여느 가게와 달리 손님들이 문전성시를 이뤘다. 이에 8대의 멀티믹서기가 쉴 틈 없이 밀크셰이크를 만들어냈고, 햄버거를 만드는 데도 손이 모자랄 정도였다. 청결 상태 역시 양호했다. 이를 지켜본 그는 뭐라 말할 수 없는 강렬한 느낌에 사로잡혔다.

　'그래, 바로 이거야.'

　그는 당장 맥도날드 형제를 만났다.

　"단도직입적으로 말씀드리겠습니다. 지점 총판권을 제게 주십시오. 그렇게 해주시면 지점 개설을 원하는 사람들에게 일정 금액을 받고 지점을 내주도록 하겠습니다. 그리고 그 지점 매출액의 일부를 당신들에게 드리겠습니다."

　그렇게 해서 그는 〈맥도날드〉와 연을 맺게 되었다.

　하지만 이번에도 아내가 문제였다. 반대가 만만치 않았기 때문이다.

　"당신 나이를 생각해봐요. 아무리 열정이 가득하다고 해도 이건 정말 아니에요. 그냥 있는 그대로 살아요. 정말 왜 그래요?"

"이건 하늘이 준 기회라고. 그러니 한 번만 더 날 믿어봐."

결국, 부부는 잦은 다툼 끝에 이혼을 결심했다.

〈맥도날드〉의 진정한 주인이 되다

본격적으로 〈맥도날드〉 체인점 사업을 시작한 그는 빠른 속도로 지점을 늘려나가기 시작했다. 그런데 문제가 생겼다. 지점마다 맛이 차이가 난 것이다. 이에 그는 모든 지점이 똑같은 맛을 유지할 필요성을 느꼈고, 곧바로 시카고 외곽에 요리 연구소를 개설했다. 여유 자금이 없었지만 가장 중요한 맛을 포기할 수는 없었다. 그래서 은행으로부터 돈을 빌려 과감히 투자한 것이다. 사실 그때 그는 파산을 목전에 두고 있을 만큼 자금 사정이 좋지 않았다. 그런데 설상가상으로 본점과 마찰이 생기고 말았다. 맥도날드 형제가 요리 연구소에서 만든 새로운 표준 레시피를 체인점이 따르지 않은 것이다. 자신들만의 요리법을 지키겠다는 것이었다. 그뿐만 아니라 새로운 지점의 개설 역시 더는 허락하지 않았다. 그 외에도 크고 작은 다툼이 계속 일어났고, 급기야 서로의 관계에 금이 가기 시작했다.

그러자 그는 불안해지기 시작했다.

'이러다 사업이 공중분해가 되는 게 아닐까. 그렇게 되면 나를 믿고

지점을 개설한 점주들은 어떻게 하지.'

결국, 그는 또 한 번의 중대한 결심을 했다. 맥도날드 형제에게 모든 권리를 이양할 것을 제안한 것이다.

"좋소, 270만 달러를 주시오. 그럼 모든 권리를 당신에게 넘기겠소."

맥도날드 형제가 제시한 금액에 그는 입을 다물지 못했다. 천문학적인 금액이었기 때문이다. 하지만 여기서 포기할 수는 없었다.

그는 자금을 마련하기 위해 부지런히 뛰었다. 전국의 은행이란 은행은 방문하지 않은 곳이 없을 정도였다. 그러는 동안 온갖 수모를 당했지만 분명 자신의 열정과 꿈을 믿어줄 지점장이 있을 것으로 생각했다. 그리고 그런 그의 진심은 통했다.

얼마 후 그는 뉴욕의 한 은행으로부터 270만 달러를 빌릴 수 있었다. 이로써 맥도날드 형제로부터 모든 권리를 넘겨받아 〈맥도날드〉의 온전한 주인이 되었다.

"성공은 고난과 도전 끝에 있다"

그는 〈맥도날드〉를 보다 더 체계적인 회사로 만들고자 '햄버거 유니버시티'라는 교육시설을 만들어 점주와 매니저급 직원들을 대상으로 요리와 서비스 교육을 철저히 했다. 이에 점주들 역시 새로운 각오로 고객들을 대했고, 이는 고객들에게 크게 어필하게 되었다. 그 결과, 〈맥도날드〉의 맛과 서비스는 사람들의 입에서 입으로 전해져 선풍적인 인기를 끌게 되었다. 그 여세를 몰아 그는 거금을 투자해 패스트푸드 체인 최초로 전국적인 광고를 시행했다. 이로 인해 〈맥도날드〉의 인지도와 선호도는 더욱 높아졌고, 1970년 초에는 전국 지점 수만도 2,200여 개에 이르는 거대 패스트푸드 회사로 성장할 수 있었다.

1984년 1월 14일, 그는 심장마비로 82세의 생을 마쳤다. 하지만 휠체어 신세를 져야 했던 마지막 몇 년 동안조차 거의 매일 샌디에이고에 있는 사무실로 출근했다. 수석 회장이었던 그는 새 가맹점이 문을 열 때마다 영업 첫날의 판매 보고서를 받아 철저히 검토했으며, 경영진이 어떻게 회사를 이끌어 가는지 늘 관심을 두고 지켜보았다.

1983년 12월, 〈에스콰이어〉는 20세기 미국인의 생활방식에 위대한 이바지를 한 50명 중 한 명으로 그를 선정함으로써 그에 경의를 표했다.

하지만 그의 진정한 공로는 미국인의 입맛을 표준화한 것이 아니라 〈맥도날드〉 프랜차이즈 시스템을 창조한 것이다. 그는 타고난 리더로서 탁월한 능력을 발휘해 새로운 사업 구조를 창조하고 수많은 기업가를 끌어들였다. 이에 "모든 지역에 우리 매장이 들어서면 그때부터는 구석구석을 샅샅이 뒤져서 새로운 틈새를 찾아내 그곳에 또 매장을 세우면 된다"며 "우주 비행사들조차도 〈맥도날드〉를 필요하게 될 것"이라고 농담처럼 말하곤 했다.

그는 열정과 현명함, 엄격함과 호방함을 두루 갖춘 인물이었다. 또 대책 없는 몽상가인 동시에 탁월한 경영자이기도 했다. 나아가 일벌레인 동시에 사랑 때문에 번민하는 로맨티시스트이기도 했다. 그의 열정을 연료 삼아 〈맥도날드〉는 전후 새로운 환경과 요구에 부응해 한 걸음 한 걸음 전진하기 시작했다.

그는 성공을 갈망하지만 주저하는 이들에게 이렇게 말한다.

"성공은 고난과 도전 끝에 있습니다. 따라서 고난과 도전이 두렵다면 성공을 아예 생각하지도 말아야 합니다. 뜻을 세웠다면 그 어떤 상황에도 과감하게 밀어붙이세요. 세상의 그 무엇도 열정과 끈기를 대신할 수 없습니다. 재능만 많으면 뭐합니까? 학력만 높으면 뭐합니까? 세상에는 고학력 낙오자가 곳곳에 널려 있습니다. 행동하지 않으면 아무 소용없습니다. 열정과 끈기만 있다면 분명 만날 수 있을 겁니다. 당신이 원하는 그것을."

청춘이란 두려움을 물리치는 용기,

안이한 마음을 뿌리치는 모험심을 의미한다.

때로는 20세 청년보다도 70세 노인에게 청춘이 있다.

나이를 더해가는 것만으로 사람은 늙지 않는다.

이상을 잃어버릴 때 비로소 늙는다.

_사무엘 울만

삶에 너무 늦은 때란 없다

● 06 ●

'나이는 숫자에 불과하다'라는 광고 문구처럼 의지만 있다면 나이는 더는 장애나 짐이 될 수 없다.

패스트푸드의 대명사인 〈KFC〉 창업자 커널 할랜드 샌더스는 수백 번의 실패를 극복하고 68세라는 늦은 나이에 마침내 성공을 일궈냈다. 그는 6살에 부모를 잃고 10살 때부터 농장일, 유람선, 주유소 등 닥치는 대로 일을 하다 중년이 되어서야 자신의 레스토랑을 가질 수 있었다. 하지만 그 기쁨도 잠시. 경제 대공황으로 모든 것을 잃은 그는 사회보장금으로 받은 105달러로 낡은 트럭을 구매한 후 그것을 타고 자신만의 독특한 닭 조리법을 팔러 미국 전역을 떠돌아다녔다. 하지만 현실은 그를 철저히 외면했다. 무려 1,009번이나 거절당해야 했기 때문이다. 그야말로 쉽지 않은 도전의 연속이었다.

그러나 그는 절대 포기하지 않았다. 오히려 실패할 때마다 방법을 달리해서 또다시 도전하기를 멈추지 않았다. 그렇게 2년이란 시간을 보낸 뒤에야 마침내 첫 번째 계약을 이룰 수 있었다.

이렇듯 나이는 성공의 필수조건이 아니다. 그보다 삶에 대한 열정의 차이가 성공을 결정짓는다.

나이는 숫자에 불과하다

주위를 살펴보면, 모든 것을 포기한 듯 행동하는 사람들이 간혹 있다. 그런 사람들은 의욕도 없고, 의지도 없으며, 희망도 없고, 꿈도 없다. 참으로 안타까운 일이다.

인생을 두 번 살 수 있는 사람은 결코 없다. 한 번 지나가면 모든 것이 끝이다. 때문에 매 순간 최선을 다해야 한다. 마음만 먹으면 아무리 어려운 일도 충분히 해낼 수 있다. 그래서 이런 말도 있지 않은가. '못해서 안 하는 게 아니라 안 해서 못하는 것이다.'

삶에 너무 늦은 때란 결코 없다. 하고자 한다면 아무리 나이가 많아도 무엇이든 다 해낼 수 있기 때문이다.

삶에 있어 속도는 매우 중요하다. 목표를 향해 남보다 더 빨리 움직이고, 더 일찍 도착한다는 것은 그만큼 앞서간다는 뜻이기 때문이다.

하지만 인생의 성공과 행복이 반드시 속도만으로 이루어진 것은 결코 아니다. 도착점이 자신이 가고자 했던 것이라면 상관없지만, 그저 경쟁에 취한 나머지 앞만 보고 달렸다면 아무리 일찍 도착한들 무슨 소용이 있겠는가.

번개같이 빠른 속도로 달려왔는데 그것이 잘못된 길이라면 그보다 더 큰 불행은 없을 것이다.

삶에 있어서 핵심은 '속도'가 아닌 '방향'이다. 따라서 속도 이전에 방향, 즉 목적이 선행되고 결정되어야만 한다.

미셸 오바마, 힐러리 클린턴의 멘토이자, 오드리 헵번과 함께 전 세계 여성들의 워너비로 널리 알려진 티나 샨티 플래허티는 그녀의 저서 《워너비 재키》에서 이렇게 말한 바 있다.

"어디로든 가고 싶다면 먼저 자신이 어디로 가고 싶은지부터 알아야 한다. 인생에서 바라는 걸 이루고 싶다면 자신의 소신을 먼저 파악해야 한다는 뜻이다."

여기, 한 사람이 있다. 그녀는 대학은 남들보다 6년이나 늦게 갔고, 직장 역시 남들보다 10년 이상 늦었다. 다른 사람 같으면 이를 만회해보겠다며 발버둥 칠 법도 하지만, 오히려 그녀는 30대에 이르러 잘 다니던 직장에 사표를 내던지고 훌쩍 배낭 여행을 떠났다. 보통 사람의 눈으로 보자면 도저히 이해할 수 없는 일이었다. 하지만 지금 그녀는 대한민국에서 가장 성공한 사람 중 한 명으로 꼽힌다. '바람의 딸' 한비야가 바로 그녀다.

그녀는 비록 남들보다 출발이 뒤처졌지만 절대 서두르지 않았다. 목표를 향해 뚜벅뚜벅 걸어갔을 뿐이다. 그래서일까. 그녀는 자신의 삶을 증거 삼아 "인생에서 너무 늦은 시기는 없다"라고 말한다.

이렇듯 그녀의 삶은 우리가 생각하는 인생의 속도와는 한참 거리가 있다. 아니, 속도를 거부하며 살아왔다고 할 수 있다.

그렇다. 중요한 건 속도가 아니라 방향이다. 따라서 제대로 된 삶을 살고 싶다면, 지금 자신의 삶이 어디로 가고 있는지, 혹 자신의 의도와 달리 잘못된 방향으로 가고 있는 것은 아닌지 유심히 살펴봐야 한다. 만일 그렇다면 그 원인은 무엇인지, 그것을 해결하기 위해서는 어떻게 해야 하는지 그 원인과 처방 역시 정확히 알아야 한다.

삶의 방향과 목적이 있어야 한다

산양의 일종인 '스프링 벅'이라는 동물이 있다. 그들은 풀을 뜯어 먹으면서 평화로운 한때를 지내다가도 앞쪽에 있던 양들이 갑자기 달리기 시작하면 뒤에 있던 무리 역시 무턱대고 뒤따라 달리는 특성이 있다. 뒤에 있던 양들이 워낙 거세게 몰아붙이기 때문에 앞서 달리던 양들은 멈추려야 멈출 수 없다. 오히려 더 빨리 달리기 위해서 계속 속도를 올린다. 그러다 보니 낭떠러지를 만나도 결국 멈추지 못한 채 그대로 떨어져 생을 마감하곤 한다.

왜 이런 웃지 못할 상황이 발생하는 것일까. 그 이유는 속도감만 있고 방향과 목적의식이 없기 때문이다. 따라서 삶의 방향과 목적을 찾는 것이야말로 삶에 있어 가장 큰 가치이자 살아가는 이유라고 할 수 있다.

러시아의 문호 고골리가 쓴 단편소설《외투》는 삶에서 목적이 사라지는 순간 얼마나 허망하고 절망적인가를 극명하게 보여주고 있다.

한 노인을 향해 사람들이 물었습니다.

"당신은 소원이 무엇입니까?"

그러자 노인은 이렇게 대답했습니다.

"아주 고급스러운 외투를 갖는 것이오."

이에 노인은 삶의 목적인 외투를 얻기 위해 평생 땀 흘리며 열심히 일했다. 그리고 마침내 원하던 외투를 손에 넣을 수 있었다. 하지만 집에 돌아오는 길에 그만 강도를 만나 외투를 빼앗기고 말았고, 급기야 절망에 빠진 나머지 시름시름 앓다가 죽고 말았다.

'그깟 외투 하나 때문에 죽다니!'

이렇게 생각하는 사람도 분명 있을 것이다. 하지만 노인에게 있어 외투는 삶의 목적이자 전부였다고 해도 과언이 아니다. 그래서 외투가 사라지는 순간, 살아야 하는 이유마저 사라지고 만 것이다. 이에 대해 소설가 엘리자베스 스튜어트 펠프스는 이렇게 말한 바 있다.

"삶을 지배하는 거대한 힘 가운데 하나는 뚜렷한 목적을 갖는 것이다. 하나의 목적을 달성하기 위한 삶을 살아가기 시작할 때 목소리와 옷차림, 외모와 동작 하나하나까지 변화하게 마련이다."

지금을 어떻게 사느냐에 따라 미래가 결정된다

우리의 인생은 지금도 어딘가를 향해 가는 중이다. 그러나 목적이 없다면 지금의 시간은 무의미하다. 따라서 삶의 목적과 방향이 없다면 지금이라도 삶의 목적과 방향을 분명히 설정해야 한다. 삶의 목적은 우리가 살아갈 인생의 좌표이자 나침반이 되어주기 때문이다.

　그러나 지금 경쟁에서 조금 뒤처졌다고 해서 실망할 필요는 없다. 또 남보다 앞서간다고 해서 우쭐거릴 필요도 없다. 인생은 생각보다 길기 때문이다. 무엇보다도 우리에게는 아직도 살아갈 날이 많이 남아 있다. 따라서 지금부터라도 계획을 세우고, 실천하며, 열정적으로 뛴다면 이루지 못할 일은 없다. 그런 의미에서 '지금 이 순간'이야말로 우리 삶에서 가장 중요하고 행복한 시간이다. 지금을 어떻게 사느냐에 따라 미래가 결정되기 때문이다.

지금 이 순간을 놓치지 말라
'나는 지금 이렇게 살고 있다'고
순간순간 자각하라.

한눈팔지 말고, 딴 생각하지 말고
남의 말에 속지 말고, 스스로 살펴라
그리고 내 말에도 얽매이지 말고
그대의 길을 가라.

이 순간을 헛되이 보내지 말라
이런 순간들이 쌓여 한 생애를 이룬다.

너무 긴장하지 말라

너무 긴장하면 탄력을 잃게 되고

한결같이 꾸준히 나아가기도 어렵다

사는 일이 즐거워야 한다.

날마다 새롭게 시작하라

묵은 수렁에서 거듭거듭 털고 일어서라.

-법정 스님《살아 있는 것은 다 행복하라》중에서

"좋아하는 일에 자신의 모든 것을 걸어라"

62세에 〈꼬꼬마 텔레토비〉를 만들다 _ 앤 우드

2년 동안 영국 구석구석을 다니며 아이들을 연구하다

텔레비전에 빠진 아이들이 책을 잘 읽으려고 하지 않는 사실에 속상해하던 한 선생님이 있었다. '어떻게 하면 아이들에게 책을 읽게 할 수 있을까?' 진지하게 고민하던 그녀는 '북 타워'라는 책 소개 프로그램을 만들게 되었다. 하지만 그것만으로는 만족스럽지 않았는지 얼마 후 어린이 프로그램을 만드는 프로덕션을 직접 설립하기도 했다. 이후 그녀는 경제적인 어려움에도 불구하고, 꾸준히 어린이들을 위한 프로그램을 만들어갔다.

그러던 어느 날, 〈BBC〉 방송국의 한 간부가 그녀를 찾아와 독특한 제안을 하나 건넸다.

"4세 미만 어린이들을 위한 프로그램을 만들려고 하는데, 직접 제작하실 수 있으신가요?"

방송국 간부가 조심스럽게 의견을 제시하며, 그녀를 쳐다봤다.

"물론이죠. 열심히 한 번 만들어보겠습니다."

갑작스러운 제안에 그녀는 깜짝 놀랐지만 이내 확신에 찬 표정으로 말했다.

그녀는 곧바로 작품 구상에 들어갔다. 이에 〈BBC〉 작가이자 언어학 자인 앤디 데번포드와 함께 2년 동안 영국 구석구석을 돌아다니며 아이들의 말과 행동을 연구했다.

"할머니, 하늘이 왜 파란 줄 아세요?"

"글쎄, 왜 하늘이 파랄까?"

"바다가 파라니까 그렇죠. 바다를 뒤집으면 하늘이 되잖아요."

"아, 그렇구나. 그런데 뭔가 이상하구나."

"뭐가요?"

"바다가 뒤집혀서 하늘이 되었다면, 바닷물은 다 어디로 갔지?"

"그것도 몰라요? 그러니까 비가 오잖아요."

"아, 그렇구나."

그녀는 온종일 놀이터에서 아이들과 함께 이야기를 나누며 시간을 보냈다.

"아 참, 벌써 시간이 이렇게 되었네. 오늘은 그만 놀고 내일 또 놀자구나."

"네, 할머니. 그럼 내일 또 만나요."

"그래, 조심히 놀다 들어가렴."

"네."

그녀는 아이들이 저 멀리 사라질 때까지 지켜보며 손을 흔들었다.

〈텔레토비〉로 전 세계 아이들의 마음을 사로잡다

'주인공을 누구로 할까? 또 이름은 뭐라고 짓지?'

오랜 고민 끝에 그녀는 마침내 주인공의 캐릭터를 완성했다. 총 4명의 주인공으로, 그 이름은 보라돌이, 뚜비, 나나, 뽀였다. 프로그램 제목은 〈텔레토비〉로 지었다. 또한, 주인공들이 뛰어놀 수 있는 텔레토비 동산을 세트로 만들기로 했다.

'아이들은 원색을 좋아해. 그리고 단순한 동작을 반복하는 걸 무척 즐거워하지.'

그녀는 아이들에게 사랑받는 프로그램을 만들기 위해 모든 것을 아이들의 눈높이에 철저히 맞췄다.

그렇게 2년이라는 시간이 흘렀다. 그녀는 완성된 테이프를 들고 방송국을 찾아갔다.

"자, 이것 보세요. 제가 제작한 〈텔레토비〉라는 프로그램입니다."

하지만 방송 관계자들의 반응은 냉담하기 그지없었다.

"아니, 이렇게 단순하고 유치한 걸 도대체 누가 봅니까? 또 색깔이 너무 원색이잖아요."

"그렇지 않아요. 제 얘기를 좀 들어보세요."

그녀는 교사 시절의 경험을 강조하며 그들을 설득하기 시작했다.

"아이들은 어른처럼 복잡하지 않아요. 단순하고 쉬워야 해요. 그리고 눈을 즐겁게 하기 위해서도 반드시 원색이 필요해요. 또 반복적인 말과 행동은 분명 아이들의 마음을 사로잡을 거예요."

결국, 그녀의 말에 설득당한 방송 관계자들은 불안한 마음으로 첫 방송을 내보냈다. 그때가 1997년 4월이었다.

사실 방송 관계자들은 첫 방송 후 반응이 미덥지 않으면 프로그램을 없앨 생각이었다. 그런데 예상치 못한 반응이 쏟아졌다.

"우리 아이가 너무 재미있어해요."

"주말에는 안 하나요? 재방송은 언제 하죠?"

그렇게 해서 〈텔레토비〉는 영국 전역에 화제를 몰고 왔다. 나아가 첫 방송 후 2년 만에 전 세계 80여 개국에 수출되어 21개의 언어로 방송되는 등 국제적인 프로그램으로 자리매김했다. 그리고 제작을 담당했던 그녀는 그 공로로 영국의 최고기업인상을 받기에 이른다. 영국 문화를 보급한 위대한 공로를 인정받아 여왕으로부터 기사 작위를 받기도 했다. 그녀의 이름은 앤 우드로, 그때 그녀의 나이 62세였다.

"포기하지 말고, 한 우물만 열심히 파라"

그녀의 이런 성공은 역설적이게도 불우한 어린 시절에서 비롯되었다. 어린 시절 오빠 두 명을 모두 잃은 그녀는 영국의 소도시인 더럼에서 할머니와 한방을 쓰며 자랐다.

그녀는 어린 시절을 이렇게 회고한 바 있다.

"부모님은 매우 가난했어요. 아버지는 거리에서 막일을 했지요. 하지만 우리 집은 사랑이 가득하고 화목하기 그지없었어요. 특히 저는 책을 좋아했지요. 하지만 가난한 탓에 마음껏 책을 읽을 수가 없었어요. 대학도 갈 수 없었지요. 돌이켜 보건대, 당시 대학에 가지 못한 것이 오늘의 저를 만든 것 같습니다."

어린 시절 그녀는 친구 집에서 텔레비전을 얻어 보면서 어린 시절을 보냈다. 이때 텔레비전 프로그램이 아이들의 교육과 정서 발달에 미치는 위력을 실감한 그녀는 이후 꾸준한 독서와 〈어린이들을 위한 책〉을 발간해 이 분야의 권위 있는 '엘리너 파전상'을 수상했으며, 1982년에는 〈TV-am〉의 어린이 텔레비전 총책임자로 임명되었다. 그러나 브루스 긴겔이라는 상사가 부임하면서 해고되는 아픔을 맛봐야 했다. 하지만 이는 그녀에게 있어 〈꼬꼬마 텔레토비〉를 만들어내는 자극제가 되었다.

〈텔레토비〉가 큰 성공을 기록한 후 그녀는 많은 사람으로부터 "지금까지 벌어들인 돈을 어디에 쓸 것이냐?"는 질문을 자주 받았다. 이에 그녀는 이렇게 말한 바 있다.

"코츠올드에 1.5에이커(약 1,900평)의 땅을 사서 꽃을 심고 집을 지을 것입니다. 물론 야생화를 손질할 정원사도 고용할 거예요. 그리고 랙돌 재단에 이익의 15%를 기증해 어린이 문제를 연구하는 데 사용할 것입니다."

그녀는 말한다. 지금의 그녀를 만든 건 평생 어린이들과 함께 눈과 귀, 입을 맞추고, 중간중간 어려움이 있었지만 포기하지 않고 한 우물만을 열심히 팠기 때문이라고.

"사실 성공하는 데 있어 능력은 그리 중요하지 않습니다. 능력은 모두가 가지고 있으니까요. 중요한 것은 자신이 정말 하고 싶은 일에 그 능력을 바쳐야 한다는 것입니다. 주위를 보면, 그 일과 어울리지 않는데도 불구하고 끊임없이 그 일에 도전하는 사람들이 많습니다. 그런 사람들을 보면 안타깝기 그지없습니다. 그런 점에서 제 성공 비결은 매우 단순합니다. 제가 가장 좋아하는 일을 찾아 열정을 바쳐 일했기 때문입니다. 더불어 그 일이 아무리 어렵고 힘들더라도 끝까지 포기하지 않고 버텨냈습니다. 즉, 최선을 다해 한 우물만을 열심히 팠습니다. 그것이 바로 오늘의 저를 만든 비결입니다."

우리는 운명에 의해

강하게 다듬어지기도 하고,

또 순하게 다듬어지기도 한다.

그러나 그것은 우리의 신념과 소질에 따라 좌우된다.

_에센바흐

세상이 만든 공식에 갇혀 살지 마라

● 07 ●

'앞을 향해 나아갈 것인가, 아니면 그 자리에서 계속 머물 것인가?'

이 고민 탓에 며칠째 잠을 이루지 못하는 남자가 있었다. 고민이 얼마나 깊었던지 잇몸이 붓고 지독한 몸살이 찾아왔다. 모든 것을 다 내팽개치고 어디론가 떠나고 싶을 만큼 고통스러웠다. 하지만 그럴 수 없었다. 그에게 회사와 직원들의 운명이 걸려 있었기 때문이다. 선택의 무게감이 온몸을 짓눌렀지만, 그는 다시금 이를 악물고 정신을 똑바로 가다듬은 채 선택의 칼날 위에 자신을 세웠다.

어느덧 아침 햇살이 창가에 드리웠다. 그는 전장에 나가는 장수처럼 비장한 표정을 지으며 집을 나섰다.

회사에 도착한 그는 임원들을 모아놓고 중대 발표를 했다.

"시계 사업을 시작할 생각입니다."

새로운 사업을 시작하겠노라고 선언한 그는 〈몽블랑〉의 CEO 루츠 베이커였다. 회의장은 일순간 술렁거렸고, 임원들은 그의 의견에 모두 반대하고 나섰다.

"사장님, 그건 안 됩니다. 자칫 잘못하면 지금까지 공들여 쌓은 탑조차 무너질 수 있습니다. 〈몽블랑〉 하면 만년필입니다. 100년 넘게 이어온 그 공식을 시계 때문에 결코 깰 수 없습니다. 만년필에 더 집중해야 합니다. 시계는 절대 안 됩니다."

"물론 새로운 시장에 진출하는 건 위험한 일입니다. 그러나 언제까지 안주하고만 있을 순 없습니다. '몽블랑=만년필'이란 공식 때문에, 우리 스스로가 그 공식에 갇혀 산다면 우리 회사는 더는 발전할 수 없습니다. 그건 곧 퇴보를 의미합니다. 우리는 해낼 수 있습니다. 보십시오. 이 만년필 하나를 만드는데 6주간 총 250단계의 공정을 거칩니다. 이런 완벽함을 추구하는 게 바로 우리 〈몽블랑〉의 정신입니다. 따라서 시계 분야에서도 그런 정신이 발휘된다면 분명 최고의 제품을 만들어낼 수 있습니다."

그는 강한 자신감과 신념으로 임원들을 설득했다. 그러자 하나둘씩 그의 말에 고개를 끄덕이기 시작했다. 그렇게 해서 〈몽블랑〉은 시계 사업을 시작할 수 있었다. 이후 〈몽블랑〉은 세계 최고의 시계 장인들을 스카우트했고, VIP 마케팅을 통해 판로를 개척했다. 〈몽블랑〉 시계를 본 고객들은 처음에는 반신반의했지만, 착용을 해본 뒤에는 매우 만족스러워했다. 그리고 시간이 지나면서 신이 만든 것처럼 완벽함에 가까운 시계라는 찬사를 받게 되었다. 그 결과, 세계 유수의 시계 브랜드들과 어깨를 나란히 할 수 있었다.

세상의 변화에 발맞춰 가라

누구도 선택 앞에서 벗어날 수 없다. 누구나 모두 눈만 뜨면 선택의 지뢰밭 앞에 서기 때문이다. 나아가 하루에도 수없이 많은 결정을 해야만 한다. 그나마 이런 사소한 선택들은 마음의 부담이 그리 없다. 하지만 살다 보면 중대한 선택의 기로 앞에 놓일 때가 간혹 있다. 그 누구도 그런 삶의 법칙을 피할 수는 없다. 그것이 우리의 운명이기 때문이다.

누구나 선택에 앞서 망설이게 된다. 그 이유는 과연 뭘까. 바로 감성과 이성의 갈등 때문이다. 가슴에서는 'Yes'라고 하지만 머릿속에서는 앞뒤 계산을 하고 손익을 따져 'No'를 강요한다. 그리고 결국 이성이 시키는 대로 'No'를 선택하고 만다.

물론 뭔가를 선택할 때는 충분히 생각한 후 논리적이고 이성적으로 판단하는 것이 현명하다. 또 그 이면에는 분명 변화보다는 안정을 바라는 마음이 다수 포함되어 있다. 다시 말해서 새로운 것에 대한 두려움으로 인해 그저 현실에 안주하고픈 패배의식이 마음속 깊숙이 자리하고 있는 것이다.

세상은 하루가 다르게 변하고 있다. 따라서 스스로 노력하고 계발하지 않으면 자신의 가치는 떨어지기 마련이다. 따라서 세상이 발전하는 만큼 우리 역시 발맞춰 가지 않으면 안 된다. 가만히 있다고 해서 결코 안전한 것이 아니란 얘기다. 그건 바로 퇴보나 도태를 의미하기 때문이다.

영화 《록키 발보아》에서 주인공 록키는 링에 오르기 전에 다음과 같이 말한다.

"링에서 계속 맞아 팔이 너무 아플 땐 상대가 차라리 내 턱을 쳐주길 바라지. 쓰러져 편히 쉴 수 있게 말이야. 하지만 마음 한구석에선 또 이런 마음이 생겨. 한 번만 더 해보자, 한 라운드만 더 뛰어보자. 지금은 비록 절망적이지만 다음 라운드에서 모든 걸 바꿔 놓을 수도 있어."

실패는 종착점이 아닌 성공의 전주곡

실패가 두려워 시도조차 하지 않는다면 그건 스스로 실패하는 삶을 선택하는 것과도 같다. 모든 일이 성공적으로 끝나는 것은 결코 아니다. 생각지도 못했던 이유 때문에 실패의 쓴잔을 마실 수도 있다. 하지만 그게 다가 아니다. 실패를 극복하기 위해 적극적으로 대처하는 과정에서 능동적이고 긍정적인 사람으로 변할 수도 있다. 또 실패로 인한 손실보다 실패를 통해 배운 이익들이 훨씬 더 클 수도 있다.

그러니, 일단 시작해야 한다. 물론 시도에 앞서 철저한 계획과 준비는 필수다. 하지만 그렇다고 해서 결코 그것에 발목을 잡혀서는 안 된다. 계획하고 준비만 하다가 기회를 놓칠 수도 있기 때문이다.

목표를 세웠다면 과감히 도전해야 한다. 사실 계획대로 되는 일은 그다지 많지 않다. 수많은 변수가 있으므로 일을 진행하면서 상황에 따라 그때그때 계획을 수정해야 할 때가 많기 때문이다.

《월든》의 작가 헨리 데이빗 소로우는 《구도자에게 보낸 편지》에서 삶에 대한 열정과 도전정신을 다음과 같이 강조한 바 있다.

"시도해보고자 하는 일이 있다면 주저하지 말고 시도하십시오. 마음을 불편하게 하는 의혹은 계속 품고 있지 마십시오. 아무도 해줄 수 없는 일을 자기 자신에게 해주십시오. 그밖의 다른 일은 모두 잊어버리세요."

인생은 선택으로 이루어졌다. 오늘 어떤 선택을 하느냐에 따라 미래가 달라진다. 그러니 더는 다른 사람의 시선을 의식하지 말고, 자신의 의지대로 살아가야 한다.

"돈보다 사람을 남겨야 한다"

부모도 포기했던 문제아, '샐러리맨의 천국'을 만들다 _ 야마다 아키오

절약이 몸에 밴 괴짜 CEO

무더위가 기승을 부리던 한여름. 한 노인이 연신 부채질을 하며 회사 안으로 들어갔다.

'거참, 날씨 한 번 고약하군. 왜 이렇게 더운 거야.'

노인은 복도 끝에 있는 문을 열더니 그 안으로 들어갔다. 그리고 아무렇지도 않은 듯 바지와 윗옷을 벗더니 의자에 앉아 몸을 뒤로 젖힌 후 두 다리를 책상 위에 올려놓았다.

'휴~우, 이제 좀 살만하군.'

마음 같아서는 아예 홀딱 벗고 싶었지만 많은 사람이 오가는 회사인지라 차마 그럴 순 없었다.

잠시 후 노인은 혼잣말을 중얼거리며 자리에서 일어났다.

'어디 연극 포스터나 한번 붙여볼까?'

그리고는 연극 포스터 수십 장을 옆구리에 끼고 간이사다리 위로 올라가 이리저리 살펴보더니 벽면에 포스터를 가지런히 붙이기 시작하였다. 어느새 벽은 포스터로 가득 찼다.

노인은 포스터를 바라보며 흐뭇한 미소를 지었다. 그리고 갑자기 자신이 햄릿이라도 된 듯 지그시 눈을 감고 대사를 읊어대기 시작했다.

'사느냐, 죽느냐 그것이 문제로다. 잔인한 운명의 화살을 받고도 마음속으로 꾹 참아내는 것과 무기를 들고 고난의 바다에 감연히 맞서 싸워 박멸해버리는 것, 어느 쪽이 더 고귀한 일인가? 죽는다는 것은 잠이 든다는 것. 그뿐이다. 잠이 들면, 아마 인간이 당하지 않으면 안 되는 가슴 속의 수많은 번뇌와 헤아릴 수 없는 육체의 고통을 잊을 수 있을 것이다. 그것이야말로 마음속으로부터 바라는 최상의 극치다. 죽는다, 잠이 든다, 잠이 든다. 어쩌면 꿈을 꾸겠지. 아, 그것이 마음에 걸리는구나!'

그때 갑자기 문밖에서 노크 소리가 들려왔다.

"네, 들어오세요."

말끔하게 정장을 차려입은 두 명의 중년 남자가 문 안으로 들어섰다.

"야마다 아키오 회장님이시죠?"

"네, 그렇습니다."

"저는 어제 연락드렸던 〈닛산〉 홍보팀장입니다. 회장님과 인터뷰 좀 하려고 이렇게 찾아왔습니다."

"아, 그래요? 여기 앉으세요."

속옷 차림의 노인은 바로 '샐러리맨들의 천국'으로 유명한 〈미라이 공업〉의 창업주이자 회장인 야마다 아키오였다.

"정말 덥네요."

그러자 야마다는 미안한 표정을 지으며 부채를 건넸다.

"죄송하지만 덥더라도 조금만 참아주세요. 에어컨이 있긴 하지만 에어컨을 켜면 직원들에게 돌아갈 혜택이 그만큼 줄어들거든요. 그래도 더우시다면 저처럼 옷을 벗으셔도 괜찮습니다."

그러자 중년 남자들은 하나같이 손을 내저었다.

"괜찮습니다. 회장님께서도 참는데 저희도 당연히 참아야죠."

"그나저나 〈닛산〉 같은 세계적인 기업에서 왜 저를 인터뷰하시려는 겁니까? 보시다시피, 저는 보잘것없는 회사를 이끄는 사람에 불과합니다."

"아닙니다. 〈미라이 공업〉은 샐러리맨들에게는 천국과도 같은 곳입니다. 그래서 회사를 천국처럼 만든 회장님의 노하우를 배우고자 이렇게 찾아왔습니다."

"아, 그렇군요. 하지만 노하우는 전혀 없습니다. 그저 직원들에게 채

찍보다 당근을 줄 뿐입니다."

"당근이요? 그럼 직원들이 긴장감이 없어져서 나태해지지 않나요?"

"전 그런 건 잘 모릅니다. 지금까지 해왔던 것처럼 앞으로도 계속 당근만 줄 것입니다. 그러면 자연스럽게 회사가 발전할 것이라고 믿으니까요. 사람은 재료가 아니라 사람 그 자체입니다."

이는 연극 활동의 경험에서 나온 것이었다. 그는 "일단 막이 오르면 연기는 배우에게 맡겨야 한다"고 강조했다. 연출자인 사장은 개입해선 안 된다는 것이었다. 연출자가 개입하는 순간, 연극은 망한다는 것이다.

연극을 보기 위해 만든 회사, 샐러리맨의 천국이 되다

사실 야마다 회장은 연극배우가 되는 것이 꿈이었다. 중학교 때 연극을 한 편 봤는데, 그 후 연극에 완전히 빠지고 말았다. 온종일 머릿속에서 연극 장면이 맴돌았다. 그러나 아버지의 완강한 반대에 부딪혀 아버지가 경영하는 회사에 들어가 경영수업을 받아야 했다. 하지만 그의 관심사는 오직 연극밖에 없었다.

"부장님, 저랑 연극 보러 가실래요?"

"지금 근무시간입니다. 그러다 사장님이 아시면 저까지 곤란해집니다."

"괜찮아요, 제가 다 책임질게요."

그는 회사 일은 딴전이고 직원들을 이끌고 연극을 관람하는 데만 열을 올렸다. 그런 아들을 보며 그의 아버지는 답답해했고, 결국 그를 회사에서 쫓아내고 말았다. 심지어 부자의 인연조차 끊겠다고 했다.

하루아침에 빈털터리가 된 그는 살길을 찾아야 했다.

'그래, 연극을 보려면 일단 돈이 필요해. 아버지처럼 회사를 차리자.'

그렇게 해서 그는 연극으로 인연을 맺은 몇 사람들과 함께 1965년 〈미라이 공업〉을 창업하였다.

창업식 날, 그는 직원들 앞에서 다음과 같이 포부를 밝혔다.

"비록 지금은 규모가 작은 구멍가게에 불과하지만, 어느 정도 회사가 발전하면 여러분들 모두에게 상상 이상의 혜택을 줄 것입니다. 그러니 우리 모두 열심히 일해서 최고의 회사를 만듭시다."

대기업에 의해 시장이 이미 장악되어 있었지만, 그는 아이디어만 있다면 충분히 승산이 있다고 생각했다.

몇 년 후 〈미라이 공업〉은 꽤 괜찮은 제품을 만들어내는 데 성공했다. 기존 제품에 알루미늄 테이프를 붙인 스위치 박스였다. 기존의 스위치 박스는 벽면 뒤에 정착되었기 때문에 전기장치가 고장 나면 스위치 박스의 위치를 감으로 추측해 벽을 뚫어야 했다. 따라서 잘못될 경우 스위치 박스를 찾기 위해 벽면 여기저기를 뚫어야 하는 불편함이 있었다. 그런 불편함을 없애기 위해 그는 스위치 박스에 알루미늄 테이프를 붙였다. 그 결과, 휴대용 금속 탐지기로 스위치 박스의 위치를 쉽게 찾을 수 있었다.

그의 예상대로 스위치 박스는 시장에서 큰 성공을 거뒀다. 그리고 회사가 어느 정도 안정권에 접어들자 자신만의 경영 방식을 실행하였다. 그 방식이란 다름 아닌 '지독한 절약'이었다.

그는 회사 여기저기에 직접 손으로 쓴 표어를 붙였다.

'종이 한 장도 아끼자!'

'종이컵 대신 개인 컵을 사용하자!'

'여름에는 창문을 열고 겨울에는 창문을 닫자!'

'출장을 다닐 때 대중교통을 이용하자!'

심지어 형광등에 달린 끈에도 직원들의 이름을 써서 매달게 하였다. 자리를 비우면 각자 머리 위에 있는 형광등을 직접 끄라는 것이었다. 그러다 보니 복도는 항상 어두웠고, 직원의 수가 수백 명이 넘는데도 복사기는 단 한 대밖에 없었다. 인쇄비가 아까워 직원 식당의 식권조차 만들지 않았다. 그 결과, 그는 직원들에게 '자린고비 경영자'라는 별명을 얻었다.

하지만 직원들은 전혀 불만이 없었다. 절약으로 얻어진 돈을 모두 직원들에게 돌려줬기 때문이다.

"인간이 인간을 평가해서는 안 된다"

1990년 11월 어느 날, 그는 직원들을 모은 후 다음과 같이 말하였다.

"우리 회사가 이만큼 발전할 수 있었던 것은 모두 여러분들 덕분입니다. 이에 보답하고자 여러분들과 가족들 모두에게 해외여행을 보내드리고자 합니다. 그러니 단 한 사람도 빠지지 말고 다녀오도록 하십시오. 휴가 기간 동안 회사는 아예 문을 닫을 생각입니다. 대신, 사전에 고객들에게 양해를 구해주십시오."

야마다 회장은 그 후로도 5년에 한 번씩 전 직원들에게 해외여행을 시켜줬다. 그뿐만이 아니다.

"자네, 혹시 임신했나? 육아휴직은 넉넉하게 다녀오도록 하게. 3년이면 충분하겠지?"

"3년씩이나요? 정말 감사합니다, 회장님."

"감사하다니. 나야말로 자네에게 감사해야지. 그동안 자네가 열심히 일해주지 않았나."

이렇듯 〈미라이 공업〉은 3년간 육아휴직 보장은 물론 전 직원이 정규직에 휴일근무는 아예 없다. 또한, 오후 5시가 되면 모든 직원이 퇴근한다. 여기에 연말연시 휴가는 19일이며, 연간 총 140일의 휴가와 개인 휴가가 따로 있다. 정년이 70세이기 때문에 누구든지 아무 걱정 없이 70세까지 일할 수 있는 것도 다른 회사에서는 찾아볼 수 없는 〈미라이 공업〉만의 특권이다. 거기에다 정리해고도 없으며, 업무목표도 없다. 영업목표나 생산목표는 직원 개개인이 알아서 직접 정한다. 그렇다고 월급이 적은 것도 아니다. 대기업 못지않게 많이 준다. 그러니 직원들 모두가 일할 맛이 나고, 회사에 대한 애사심으로 넘친다. 그 결과, 직원들은 회사를 위해 할 수 있는 일이 뭔지 스스로 고민하고 수많은 아이디어를 쏟아낸다. 실제로 〈미라이 공업〉의 1만 8,000개의 아이디어 상품 중 90%가 특허상품으로, 이 중 대부분은 직원들이 자발적으로 낸 아이디어로 만들어졌다.

2014년 7월 30일. 그는 다발성 장기 부전으로 세상을 떠났다. 하지만 장례식 역시 평소의 그답게 화환을 받지 않았고, 가까운 지인들끼리만 모여 조촐하게 치렀다고 한다.

하지만 그가 남긴 업적은 적지 않다. 우선, 그는 직원들에게 하나라도 더 많은 혜택을 주기 위해 짠돌이 생활을 고수했다. 가까운 편의점에 가면 공중전화가 있는데 왜 휴대전화가 필요하냐며 그 흔한 휴대전화조차 가진 적이 없다. 그리고 회사에 출근할 때는 집 근처에 사는 직원의 차를 얻어 탔다. 그것이 바로 사람을 최고의 가치라고 생각하며, 회사를 천국으로 만든 그만의 경영철학이었다.

"인간이 인간을 평가하는 것은 대단히 어려운 일이다."

내가 알고 있는 최대의 비극은

많은 젊은 사람들이 자신이 진정으로 하고 싶은 일이

무엇인지 알지 못하고 있다는 것이다.

이 세상에 돈에 얽매여 일하고 있는 사람처럼 불쌍한 인간은 없다.

_카네기

가슴 뛰게 하는 꿈을 가져라

● 08 ●

어린 시절, 누구나 꿈을 가지고 있었다. 그것이 실현 가능한 것인지 아닌지도 모른 채 제각각 큰 꿈을 꾸었다. 하지만 머리가 굵어지고 현실의 벽이 만만치 않다는 사실을 알게 되면서 그 꿈은 점점 바람 빠진 풍선마냥 맥없이 오그라들기 시작했다. 그리고 어느 순간부터는 아예 꿈이 사라지고, 오직 먹고 사는 것이 인생 최대의 목표가 되고 말았다.

사실 살면서 먹고 사는 것만큼 중요한 일은 없다. 그것이 충족되지 않으면 생활 자체가 힘들어지고 모든 것이 무의미하기 때문이다. 하지만 그렇다고 해서 꿈을 잊고 살아야 할까.

책상 위에 하얀 종이 한 장이 놓여 있다고 하자. 거기에 꿈을 적으라고 한다면 바로 적을 수 있겠는가. 가슴 뛰게 하는 꿈을 여전히 갖고 있느냐는 말이다.

성공한 사람들은 어떤 일이 있어도 쉽게 꿈을 포기하지 않는다. 그만큼 꿈에 대한 열망이 강하기 때문이다.

세계경영연구원이 CEO 104명을 대상으로 성공 요인에 대해서 설문조사를 시행한 바 있다.

"당신을 성공으로 이끈 요소는 과연 무엇입니까?"

이에 응답자의 32%가 '꿈'을 꼽았다. 오늘의 자신을 만든 건 바로 꿈이었다는 것이다.

목적지가 있는 차는 속도를 내며 달린다. 정박할 항구가 정해진 배 역시 파도를 가르며 전진한다. 하지만 목적지가 없는 차는 가다 서기를 반복하거나 어딘지 모르는 곳에서 결국 멈추고 만다. 정박할 항구를 정하지 못한 배 역시 마찬가지다.

꿈은 삶의 가속도를 높여주고 하루의 시작을 활기차게 해준다. 그런데 이렇게 유익하고 좋은 꿈을 사람들은 왜 잊어버리거나 하찮게 여기는 것일까. 자신의 능력에 대한 불신 때문이다.

살아가면서 우리는 작은 실패를 끊임없이 맛보게 된다. 사랑하는 연인에게 고백했는데 거절을 당할 수도 있고, 열심히 노력했지만, 결과가 좋지 않을 수도 있는 것이다. 하지만 그런 작은 실패로 인해 자신의 가치를 떨어뜨리거나 자신은 어느 방면에도 재능이 없다고 단정 지어버리게 되면 더는 전진할 수 없다. 그런 때일수록 패배의식을 뛰어넘어 새로운 비전으로 더욱 뛰어올라야만 한다. 실패를 받아들이고 다시 도전하는 순간, 성공이라는 과실을 맛볼 수 있기 때문이다.

성공은 늘 한 발자국 앞에 있다. 그 한 발자국을 더 내딛지 못하고 포기하는 바람에 많은 사람이 그것을 경험하지 못한다.

그런 의미에서 금광을 연구했던 한 미국인 학자의 말은 의미하는 바가 크다. 그는 미국이 건국된 후 얼마 되지 않았을 때부터 금광을 찾아다니며 금광을 연구했다.

그에 의하면, 금광이 발견되는 바로 몇 미터 지점 앞에는 항상 수많은 삽과 도구들이 놓여 있었다고 한다. 이는 곧 금광을 불과 몇 미터 앞에 두고 수많은 사람이 포기했다는 뜻이다. 바꿔 말하면, 많은 사람이 금광을 몇 미터 앞에 두고 극심한 고통과 포기하고 싶은 욕망을 드러낸 것이다.

이처럼 사람들은 성공이 코앞에 다가왔을 때 포기하는 경향이 있다. 하지만 명심해야 한다. 정말로 포기하고 싶을 때 그때가 바로 정말로 포기해서는 안 되는 순간이라는 것을.

꿈을 이루기 위한 3단계 과정

그렇다면 어떻게 하면 꿈을 이룰 수 있을까.

여기에는 3단계 과정이 있다. 이를 통해 누구나 가슴 깊이 간직한 꿈을 이룰 수 있기를 바란다.

첫 번째 단계 – 꿈을 정하고 간절히 원해라

꿈을 정하는 순간, 인생은 한결 더 풍요로워지고 생동감으로 넘쳐난다. 꿈이 정해졌다면 꿈을 이룬 당신의 모습을 상상하라. 그리고 그것을 매 순간 간절히 원하라. 간절함은 성취를 불러들이는 힘을 가지고 있다.

두 번째 단계 – 모질고 독하게 실천하라

아무리 간절히 원한다고 해도 생각만 하고 행동으로 옮기지 않으면 그 꿈은 언제까지나 상상에 불과하다. 따라서 일단 부딪쳐야 한다. 그리고 이왕 할 것이라면 모질고 독한 마음으로 실천해야 한다. 세상에 대충대충 해서 이룰 수 있는 꿈은 하나도 없기 때문이다.

세 번째 단계 – 꿈을 성취하고 전파하라

성취의 달콤함을 마음껏 누리되 그 기간이 결코 길면 안 된다. 최고의 순간을 유지하기 위해서는 꿈을 이루기 위해 기울였던 노력보다도 훨씬 더 많은 관심과 에너지가 필요하다. 꿈에는 끝이 없기 때문이다. 완성되는 순간 다시 시작되는 것, 그것이 바로 꿈이다.

전 세계 수많은 기업과 사람들의 삶을 성공으로 이끈 최고의 동기부여가 마크 피셔는 이렇게 말한 바 있다.

"꿈을 포기하면 두 가지 대가를 치르게 된다. 첫째, 삶의 반 이상이 고통스러워진다. 둘째, 결코 부자가 될 수 없다. 반면, 꿈을 포기하지 않으면 두 가지 보상이 따른다. 첫째, 인생의 반이 즐겁고 신명 난다. 둘째, 반드시 부자가 된다."

"성공이란 실패에 어떻게 대처하느냐에 달려 있다"

절망적인 삶을 극복하고 최고의 영화배우가 되다_실베스터 스탤론

희망이라고는 없었던 절망적인 삶

영화 〈록키〉와 〈람보〉 하면 생각나는 배우가 있다. 바로 우람한 근육질과 선글라스가 잘 어울리는 남자, 실베스터 스탤론이다.

그가 만든 영화는 많은 사람을 감동하게 했다. 하지만 그가 세계적인 흥행배우라는 타이틀을 얻기까지는 우여곡절이 참 많았다.

그는 1946년 뉴욕 빈민가에서 태어났다. 하지만 그가 9살이 될 무렵, 부모가 이혼하고 말았다. 부모의 이혼은 그에게 큰 충격이자 상처였다. 이에 그는 매사에 소심하고, 남 앞에서 쉽게 주눅이 드는 성격으로 변했다. 그러다 보니 친구를 사귀는 것 역시 어려웠다. 이에 울적한 마음을 달래기 위해 청소년 시절, 권투도장을 다니며 몸을 단련하기도 했지만, 마음 한쪽에 자리 잡고 있는 우울하고 절망적인 기운만은 어쩔 수 없었다.

어른이 된 그는 먹고살기 위해 닥치는 대로 일을 해야 했다. 극장 안내인을 비롯해 극장 수위, 경비원, 배우들의 보디가드 등 돈을 벌 수 있는 일이라면 무엇이든 했다. 하루하루가 힘든 생활의 연속이었다.

하지만 그에게는 꿈이 있었다. 바로 영화배우가 되는 것이었다. 그러나 그 꿈은 너무도 막연하고 실현 가능성이 없는 상상에 지나지 않았다.

그러던 어느 날, 그의 마음을 뒤흔드는 사건이 일어났다. 바로 권투경기였다. 그 경기는 세계적인 복싱 영웅 무하마드 알리의 경기로 상대는 무명에 가까운 척 웨프너였다. 평소 권투를 좋아했던 그는 그 경기를 보기 위해 가지고 있던 돈의 상당 부분을 입장료로 지급했다.

도박사들과 관객들은 당연히 무하마드 알리의 승리를 점쳤다. 그 역시 무하마드 알리의 승리를 확신했다. 하지만 예상과 달리 도전자 척 웨프너의 공세 역시 만만치 않았다. 무하마드 알리 역시 당황한 기색이 역력했다. 급기야 무하마드 알리가 다운을 당하고 말았다. 경기는 점점 예측할 수 없는 상황으로 흘러갔다. 그러자 관중석 한쪽에서 척 웨프너를 응원하는 소리가 흘러나오기 시작했다. 하지만 그는 이미 지쳐 있었고, 결국 15회에 KO패를 당하고 말았다. 결국, 경기는 무하마드 알리의 승리로 끝나고 말았다.

경기 후 그는 마음속에서 자그마한 꿈의 열매가 맺히는 걸 느꼈다.

'그래, 바로 저거야. 척 웨프너처럼 투지가 있어야 해.'

포기할 줄 모르는 삶, 마침내 세계적인 배우가 되다

그 날 밤부터 그는 책상 앞에 앉아 권투를 소재로 한 시나리오를 집필하기 시작했다. 그리고 얼마 후 시나리오가 완성되었다. 동네를 어슬렁거리는 건달이 권투선수로 거듭난다는 내용으로, 공전의 히트를 기록한 〈록키〉였다.

'이 시나리오라면 틀림없이 할리우드를 사로잡을 수 있을 거야.'

하지만 영화 쪽에 인맥이 있는 것도 아니었고, 거액의 투자금이 있는 것도 아니었다. 믿을 것이라곤 오로지 시나리오와 자신감뿐이었다.

그는 매일 시나리오를 들고 영화사를 찾아갔다.

"여기 세상을 깜짝 놀라게 할 만한 시나리오가 있습니다. 제목은 〈록키〉입니다."

영화사 대표는 그 시나리오를 읽어보더니 고개를 끄덕거렸다.

"괜찮네요, 이름이 뭐라고 하셨지요?"

"실베스터 스탤론입니다. 앞으로 영화인이 되는 게 꿈입니다."

"이 시나리오를 우리 회사에 팔 생각이 있습니까?"

"예, 그게 무슨 말씀이시죠? 저는 시나리오를 팔기 위해서 온 게 아닙니다. 이 시나리오의 주인공은 바로 저입니다. 그래서 제가 주연배우를 하고 싶습니다."

그러자 영화사 대표는 펄쩍 뛰며 고개를 내저었다.

"그럴 수는 없습니다. 당신이 주인공을 한다면 어느 누가 이 영화를 보겠습니까? 시나리오가 아무리 훌륭해도 배우가 인지도가 없으면 그 영화는 망하는 법입니다. 시나리오값으로 10만 달러를 줄 테니, 우리 회사에 넘기세요."

하지만 그는 그 제안을 단호하게 거절했다.

"저를 주인공으로 써주지 않는다면 그 어떤 계약도 하지 않겠습니다."

이처럼 그는 무모하리만큼 자신감이 넘쳤다. 자신감마저 상실하면 그가 가진 것은 아무것도 없기 때문이다.

그 후로도 그는 여러 영화사의 문을 두드렸다. 하지만 그의 제안을 들은 영화사 대표들은 모두 난감해 하기 일쑤였다. 이에 실망한 그는 마지막으로 한 영화사의 문을 두드렸다. 그러나 그 영화제작자 역시 시큰 둥한 표정을 지었다.

"당신처럼 연기력도 없는 사람을 누가 주연배우로 캐스팅하겠습니까? 다른 곳을 알아보세요."

"저는 할 수 있습니다. 정말 자신 있습니다."

"이건 자신감만으로 되는 게 아니에요."

"그렇지 않습니다. 자신감만 있으면 뭐든지 가능합니다. 그러니 믿고 맡겨주십시오."

영화제작자는 결국 그의 자신감에 매료되고 말았다. 하지만 조건이 있었다. 출연료를 받지 않기로 한 것이다. 대신 영화가 히트를 기록하면 수입의 10%를 받기로 했다. 힘든 촬영이었지만 그는 묵묵히 견디며 사력을 다해 촬영에 임했다.

얼마 후 마침내 영화가 개봉되었다. 그는 두근거리는 심정으로 극장 문 앞을 서성거렸다. 과연, 관객들이 그의 마음을 헤아릴 수 있을지 궁금했다. 하지만 이는 기우에 지나지 않았다.

관객들은 그야말로 〈록키〉에 열광했다. 나아가 그해 최고의 흥행작으로 선정되었음은 물론 아카데미 시상식에서 무려 10개 부문의 후보에 올라 작품상과 감독상, 편집상을 휩쓸었다.

그 후 그는 〈록키〉 시리즈와 〈람보〉 시리즈를 제작하면서 세계적인 흥행배우로 거듭났고, 환갑이 넘은 나이에도 불구하고, 여전히 열정을 불태우며 영화 제작자이자 주인공으로 활동하고 있다.

한편 그의 작품 중 〈록키 발보아〉라는 영화가 있다. 거기서 주인공 록키는 한물간 권투선수 취급을 받지만, 또다시 링 위에 오른다. 그가 링에 다시 서는 이유는 결코 챔피언 자리가 탐나서가 아니었다. 희망은 어느 때건, 누구에게나 존재한다는 사실을 다른 사람들에게 보여주기 위해서였다.

시합을 앞두고 록키는 아들에게 이런 말을 건넨다.

"얼마나 강한 펀치를 때리느냐가 중요한 게 아니야. 얼마나 강한 펀치를 맞고도 일어서느냐가 중요한 것이지."

살다 보면 반갑지 않은 절망이 마음의 문 앞에서 서성거릴 때가 있을 것이다. 그럴 때 너무 놀라거나 당황해선 안 된다. 절망이란 손님의 등 뒤엔 반드시 희망이라는 손님이 함께 서 있을 테니까. 비록 다른 사람보다 늦었지만, 열정을 통해 이를 극복해낸 실베스터 스텔론의 삶이 이를 여실히 증명하고 있다.

어느 인터뷰에서 그는 이렇게 말한 바 있다.

"성공이란 실패에 어떻게 대처하는가에 달려 있다. 나는 실패를 헐리우드의 중심 무대에 뛰어드는 계기로 삼았다."

실험은 많이 하면 할수록 좋은 결과를 기대할 수 있다.

삶이란 모두 실험이 아닌가.

당신이 할 수 있는 가장 위험한 일을 시도하라.

당신 스스로 행동하라.

안되리라고 의심해서는 안 된다.

주저하지 말고 한번 시험해 보라.

_디오도어 루빈

세상에 도전해서 이루지 못할 일은 없다

● 09 ●

사람들은 아픔이나 상처, 고통이나 시름이 있을 때 그 누군가에게 기대어 위로받고 싶어 하며 보상받기를 원한다. 울적한 마음을 위로받고 다시 또 힘을 얻을 수 있게 웃음을 주는 것, 그것이 바로 '유머'의 힘이다.

사람들은 '의외성'에 웃음을 터트린다. 이에 개그맨들은 생각지도 못한 엉뚱한 말과 행동으로 사람들의 허를 찌른다. 상식을 뒤집고 상황을 반전시키는 것이다. 그것이 바로 유머의 힘이자, 유머가 사랑받은 이유이다.

일상을 돌아보면 무미건조하기 짝이 없다. 무거운 눈꺼풀을 비비며 억지로 일어나 아침밥을 먹는 둥 마는 둥 하고 허둥지둥 회사나 학교로 간다. 그렇다고 해서 뭔가 특별한 일이 있는 것도 아니다. 오늘 해야 할 일은 어제 했던 일의 반복일 뿐이다. 출근 후 점심을 먹고, 일하며, 저녁이 되면 다시 집으로 돌아온다. 다람쥐 쳇바퀴 돌듯, 그렇게 하루가 가고 인생이 간다.

그런 반복된 생활 속에서 우리는 점점 지쳐간다.

고정관념에서 벗어나라

단조로운 일상과 묵은 생각에 지친 우리에게 신선한 재미와 기발한 발상의 힘을 일깨운 광고가 있다.

찬바람이 매서웠던 겨울 끝자락의 어느 날, 사람들은 종이 한 장에 마음을 빼앗기고 말았다. 육교와 지하철, 전봇대, 골목 등 사람들이 많이 다니는 곳에 붙어 있던 그 종이에는 '선영아 사랑해' 라는 글씨가 쓰여 있었다. 그것을 본 사람들은 발걸음을 멈추고 그 종이를 물끄러미 바라보며 한마디씩 툭 던지곤 했다.

"도대체 누가 저리도 애타게 사랑 고백을 하는 거야."

"사랑하려면 조용히 하지, 왜 이렇게 난리야."

"야, 너도 선영이잖아. 혹시, 네 남자친구가 붙인 거 아니야?"

"선영이가 누군지 정말 좋겠다. 내 남자친구도 제발 저랬으면."

그 후 세상은 온통 선영이가 누구인지에 대한 궁금증으로 증폭되어 갔다. 때마침 국회의원 선거 시점이었기 때문에 선거관리위원회에서는 혹시나 특정 후보를 홍보하거나 음해하려는 작전은 아닐까 하고 신경을 곤두세우기도 했다. 그러나 며칠 후 모든 궁금증이 풀렸다. 그것은 한 여성전문 포털사이트의 홍보 전략이었다.

이렇듯 상식을 깨는 발상, 기발한 상상력은 그야말로 파급효과가 매우 크다. 그러나 그 생각을 행동으로 옮기려면 고정관념에서 벗어나야 한다.

하지만 고정관념을 깬다는 것이 그리 쉬운 일은 아니다. 고정관념은 하루 이틀에 걸쳐 완성된 것이 아니라 오랜 시간을 거치면서 습관화가 된 것이기 때문이다.

다 버리고, 다 잊고, 다 내려놓아라

어느 날, 왕이 궁궐 주변 시찰을 나갔다가 숲이 우거진 외딴 길에서 보초를 서고 있는 한 병사를 발견했다.

왕은 병사에게 다가가 물었다.

"자네는 왜 여기에 서 있나?"

"……"

왕의 물음에 병사는 아무 말도 하지 못했다.

왕은 다시 한 번 병사를 향해 물었다.

"바로 앞이 가파른 절벽이라 적군이 침략할 수 없는 곳인데, 왜 여기서 보초를 서고 있나?"

그제야 병사는 머리를 긁적이며 작은 목소리로 말했다.

"글쎄요, 저는 위에서 시키는 대로 할 뿐입니다."

잠시 후 병사의 상관이 뛰어왔다. 왕은 똑같은 질문을 그에게 했다.

그러나 그 역시 바로 대답하지 못했다.

"왜 여기에 보초를 서고 있는 것인가?"

왕이 노여워하자, 그제야 그가 벌벌 떨며 말했다.

"저도 사실은 그 이유를 모르겠습니다. 선임자로부터 인계받은 대로 해온 것뿐입니다."

이 이야기는 우리가 얼마나 기존의 관행과 틀에 박힌 사고에 치우쳐 있는지 말해준다. 그로 말미암아 다른 관점이나 행동은 스스로 차단해버리는 것이다. 이렇듯 익숙함은 편하다는 장점이 있긴 하지만 자칫 발전하고 변화하는 데 있어 족쇄가 될 수도 있다.

변화하기 위해서는 끊임없이 새로운 생각을 끌어내고, 새로운 도전과제를 과감히 수행해야 한다. 이 세상에 도전해서 이루지 못할 일은 없다. 다 버리고, 다 잊고, 다 내려놓으면 고정관념을 깰 수 있다.

역사와 문명은 고정관념을 깨고 기발하고 삐딱한 시선으로 도전한 소수의 사람에 의해 발전해왔다. 아인슈타인이 그랬고, 갈릴레이가 그랬으며, 피카소가 그랬다.

생각을 달리한다는 건 누구나 다 할 수 있다. 그러나 그것을 행동으로 옮기려면 용기가 필요하다.

쇼펜하우어는 이렇게 말했다.

"모든 진리는 세 단계를 거친다. 첫 번째는 조롱당한다. 두 번째는 강한 반대에 부딪힌다. 세 번째는 자명한 것으로 인정받는다."

그렇다. 조롱과 강한 반대를 감당할 수 있는 사람만이 자신을 바꿀 수 있고 세상을 바꿀 수 있다.

상식을 파괴하는 괴짜가 되라

《상식파괴자》의 저자 그레고리 번스는 훌륭한 리더가 되려면 상식을 파괴하는 괴짜가 되어야 한다며, 3가지 조건에 대해서 강조했다.

"상식파괴자가 되는 데는 3가지 조건이 필요하다. 지각, 공포 반응, 사회지능이 바로 그것이다.

'지각'이란 말 그대로 사물이나 현상을 봤을 때 남들과는 다르게 생각하는 것이다. 그러나 거기에는 두려움이 따른다. 바로 '공포 반응'이 그것이다. 그러나 두려움을 극복하고 제 생각을 용기 있게 추진하는 사람만이 좋은 결과를 얻을 수 있다.

그러나 진정 성공하기 위해서는 제 생각을 세상에 알려 사람들의 공감과 호응을 얻어야 한다. 이를 위해서는 사회지능이 필요하다. 오늘날의 상식파괴자들은 역동적인 사회적 네트워크를 헤쳐 나가며, 지각의 전환에서 시작해 타인의 생각을 바꾸는 것으로 변화를 끌어낸다."

암탉에게 독수리 새끼를 맡기면 독수리 새끼는 자기가 닭이라고 생각하게 된다. 그 결과, 병아리처럼 아장아장 마당을 걸어 다니며 땅바닥에 떨어진 먹이를 쪼아 먹고 산다. 이에 살아가면서 단 한 번도 하늘을 날 생각을 하지 않는다. 어쩌면 날개조차 펴보지 않을 것이다. 자신은 닭이라고 생각하기 때문이다.

머릿속에서 한 번 굳어진 고정관념과 습관은 도전의식과 창의적인 생각을 방해한다. 알을 깨고 나와야 이 세상의 빛을 볼 수 있듯 고정관념을 깨야만 새로운 생각, 새로운 삶을 만날 수 있다.

"부자로 살기보다 가치 있는 삶의 주인공이 되라"

초등학교 중퇴 학력으로 100달러 지폐의 주인공이 되다 _ 벤저민 프랭클린

미국인들이 가장 닮고 싶어 하는, 가장 미국적인 인물

"마음속에 식지 않는 열정을 갖자. 그러면 평생 빛을 얻게 될 것이다. 아무리 친한 친구라도 자기 자신으로부터 나온 정직과 성실만큼 자기 자신을 돕지는 못한다. 따라서 백 권의 책보다 단 하나의 성실한 마음 이 사람을 움직이는데 더 큰 힘이 될 것이다."

벤저민 프랭클린의 말이다. 그는 기실 이 말처럼 살았던 사람이다. 성공을 꿈꾸는 사람들에게 있어 표본이자 본보기일 정도로 그는 인생을 정말 열심히 살았다. 많은 사람이 시간을 효율적으로 사용하기 위해 이용하는 '프랭클린 다이어리' 역시 그런 그의 삶을 이용해 만들어진 것이다.

그는 1706년 매사추세츠 주 보스턴에서 17명의 자녀 중 15번째로 태어났다. 그의 아버지 조슈아 프랭클린은 비누와 양초를 만들어 팔았는데 그다지 수입이 좋지 않았다. 그러다 보니 입는 것과 먹는 것이 항상 부족했다. 그렇다고 많이 배울 수 있었던 것도 아니다. 초등학교 2학년을 다니다 그만둔 것이 전부였다.

12살 즈음, 그는 형 밑에서 인쇄기술을 배웠다. 이를 계기로 그는 수많은 활자를 접하게 되었고, 독학으로 글 쓰는 법 역시 배우게 되었다. 그러던 중 형과 사소한 싸움 끝에 인쇄소를 그만두게 된 그는 무작정 뉴욕으로 가게 되었다. 사람이 많은 뉴욕에는 일자리도 많을 것이라는 생각에서였다. 하지만 그를 기다려주는 곳은 어디에도 없었다. 몇 날 며칠의 굶주림 끝에 그는 다시 런던으로 향했다. 다행히 그곳에서 그는 인쇄소에 취직할 수 있었다.

그는 아침부터 저녁까지 정말 열심히 일했다. 아는 사람 하나 없는 낯선 곳에서 살아남으려면 남보다 더 열심히 움직이고 부지런해야 한다고 생각했기 때문이다. 이에 다른 사람들은 그에게 핀잔을 늘어놓기 일쑤였다.

"그렇게 열심히 일하면 누가 알아주기라도 하나? 적당히 일하고 월급이나 받으면 되지, 뭐하러 그렇게 열심히 해? 사장 앞에서만 열심히 일하는 척하면 된다고."

그들의 손에서는 맥주가 떠나는 날이 없었다. 그 역시 힘이 부치는 날이면 맥주 생각이 간절했다. 하지만 맥주 대신 물을 마셨다. 맥주를 입에 댄 순간, 마음이 흐트러지고 나태해질까 봐 스스로 경계했기 때문이다. 무엇보다도 땀으로 얻은 소중한 돈을 함부로 탕진하고 싶지 않았다.

"오늘 할 일을 내일로 미루지 마라"

몇 년 후, 다시 미국으로 돌아온 그는 그동안 모은 돈과 친구의 도움으로 직접 인쇄소를 차렸다. 경영자가 된 것이다. 그리고 얼마 후 좋은 기회를 얻게 되었다. 당시 식민지였던 펜실베이니아 주의 지폐 인쇄권을 확보한 것이다. 이를 계기로 그는 큰돈을 벌게 되었다. 그러나 삶에 대한 그의 진지한 태도는 전혀 흐트러지지 않았다. 오히려 삶의 고삐를 더욱 바짝 죄었다. 그러면서 다양한 사회활동 역시 병행하였다. 〈가죽 앞치마 클럽〉을 결성해 정치·경제·문화·철학 등 사회 전반에 관한 다양한 문제를 회원들과 토론하고 수시로 정보를 주고받았을 뿐만 아니라 경찰대와 의용 소방대를 만드는 데도 앞장선 것이다. 또 1736년부터는 펜실베이니아 의회에서 서기로 일하기도 했으며, 필라델피아 우체국장을 지내기도 했다. 특히 우체국장으로 있는 동안에는 획기적인 우편 서비스를 시행하기도 했는데, 후에 이를 인정받아 체신부 장관에 오르기도 했다.

'오늘 할 일을 내일로 미루지 마라.'

이 말을 삶의 신조로 삼았던 그는 쉬지 않고 계속해서 달렸다. 그래서일까. 그는 게으른 사람을 가장 싫어했다. 이에 그 자신도 게으름을 경계하기 위해 항상 새로운 일에 도전하였다. 이에 미국 독립전쟁 당시 토머스 제퍼슨과 함께 〈미국독립선언문〉을 직접 작성하기도 했다. 또 미국 최초의 공공도서관을 세웠고, 대학과 병원 설립에도 앞장섰다.

그는 자신의 어머니에게 보낸 편지에서 이렇게 말한 바 있다.

"나는 후세 사람들에게 부자로 살다 죽었다는 말보다 가치 있는 삶을 살았다는 말을 듣고 싶다."

현재 그는 미국인들이 가장 존경하고 닮고 싶은 사람 중 한 사람으로 꼽히고 있다. 그 결과, 미국에서 가장 큰 화폐인 100달러짜리 지폐의 주인공이 되었으며, 미국의 '국부'로 인정받고 있다. 이는 그가 스스로 본인의 삶을 선택하고 자신의 삶을 발전시킨 가장 미국적인 인물이기 때문이다.

"나는 도덕적으로 완벽해지겠다는 무모하고도 힘든 계획을 세웠다. 또 어떤 경우라도 잘못을 저지르지 않는 완전한 삶을 살고 싶었다. 타고난 것이든 친구들 때문에 얻은 것이든 나쁜 성향이나 습관이 있다면 모두 정복하고 싶었다."

나의 실패와 몰락에 대해서

책망할 사람은 나 자신 이외에는 아무도 없다.

나는 깨닫게 되었다.

나의 최대의 적은 바로 나 자신이며,

나 자신이야말로 비참한 운명의 원인이었다는 것을.

_나폴레옹

삶은 우리에게 도전을 강요한다

● 10 ●

세계적 기업관리 전문가이자 베스트셀러 작가인 '버나드 마르'에 의하면, 성공한 사람들은 일반 사람들과 다른 몇 가지 특징이 있다고 한다. 그중 하나가 바로, 성공한 사람들은 본인이 직접 나서서 기회를 발견하고 잡는다는 것이다.

살다 보면 누구에게나 한 번쯤 기회가 찾아온다. 하지만 그걸 덥석 잡는 사람이 있는가 하면, 기회가 왔다는 사실조차 모르는 사람도 있다.

유대인의 정신문화 원천인 《탈무드》를 보면 기회에 대해 이렇게 말하고 있다.

"기회라는 것이 앞은 머리카락이 있고, 뒤는 대머리여서 앞에 있을 때 잡지 못하면 영영 잡을 수 없게 된다."

주위를 살펴보면 기회가 찾아오기를 기다리는 사람들이 꽤 많다. 문제는 모든 사람이 기회를 잡을 수는 없다는 것이다. 오직 준비된 사람만이 그것을 잡을 수 있다.

아무런 준비도 없이 기회를 기다리는 것은 감나무 밑에서 입을 벌린 채 감이 떨어지기를 기다리는 것과도 같다. 하지만 감은 절대 입으로 쉽게 떨어지지 않는다. 설령, 떨어진다고 해도 그 감은 썩은 감임이 틀림없다. 그러니 꼼꼼하고 철저하게 준비를 한 후에야 묵묵히 기회를 기다려야 한다.

하지만 그것보다 더 좋은 것은 기회가 오기를 무조건 기다리지 말고 스스로 찾아 나서는 것이다. 성공한 사람들은 하나같이 스스로 기회를 만든다는 공통점을 가지고 있다.

학창시절에는 잘난 척하면 자칫 왕따를 당할 수도 있으므로 겸손해야 한다고 배웠기 때문에 소극적이고 얌전한 것이 어느 정도 통용되었다. 하지만 사회생활은 다르다. 적극적이지 않으면 아무것도 얻을 수 없을 뿐만 아니라 타인과의 관계에서도 큰 손해를 볼 수 있다. 그러자면 '초식 남녀'의 성격을 버려야 한다. 초식 남녀는 초식동물처럼 성격이 온순하고, 혼자 있기를 즐기며, 연애나 사랑보다는 혼자만의 취미생활을 즐기는 소극적인 사람들을 말한다. 실제로 적극적인 태도가 사회생활에 있어서 얼마나 중요한지 극명하게 보여주는 조사결과가 있다.

취업사이트 〈커리어〉가 각 기업의 인사담당자 287명을 대상으로 설문조사를 시행한 결과, 무려 76.7%가 '초식 남녀를 선호하지 않는다'고 했다. 그 이유는 '적극성이 부족할 것 같다'는 답이 거의 절반을 차지했다.

이는 업무에서도 마찬가지였다. 초식 남녀의 능력이 현저하게 떨어지는 것으로 나타났다.

'초식 남녀가 업무능력이 높습니까?'라는 질문에 5.4%만이 '그렇다'라고 대답했기 때문이다. 반면, 적극적이고 진취적은 육식 남녀의 경우 '업무능력이 우수하다'는 대답이 68.2%를 기록해 대조를 이루었다.

적극적인 태도는 대인관계는 물론 자신을 돋보이게 하는 필수요소라고 할 수 있다. 하지만 타고난 성격을 바꾼다는 게 그리 쉬운 일은 아니다. 살아오면서 이미 습관으로 굳어버렸을 수도 있기 때문이다. 그렇다고 언제까지 움츠리며 소극적인 태도로 살아갈 수는 없다. 스스로 변하지 않고서는 다른 변화 역시 기대할 수 없기 때문이다.

일단 작은 것부터 시작하자. 예를 들면, 엘리베이터에서 이웃을 보면 먼저 인사를 건네는 것이다. 다른 사람들과 대화를 나눌 때도 평소 자신의 목소리보다 한 단계 높은 톤으로 말해보자. 시장에 가서 물건을 살 때 물건값을 흥정하는 것도 좋은 방법이다. 이런 작은 변화가 분명 우리의 삶과 미래를 바꾸는 계기가 될 것이다. 모든 일에 적극성을 띠면 다른 사람에게 좋은 이미지를 심어줄 수 있고, 나아가 자기 자신도 자신감과 활력이 생기기 때문이다.

두렵고 어려운 것도 막상 하고 나면 생각보다 쉽고 재미있는 법이다. 말보다는 행동, 망설임보다는 도전, 계획보다는 실천, 소극적인 태도보다는 적극적이고 진취적인 태도를 가져야 한다. 변한 만큼 더 많은 기회를 얻게 되기 때문이다.

인생은 어디로 튈지 모르는 럭비공과도 같다

"내일은 비가 내릴 것으로 보이니, 외출할 때 반드시 우산을 챙기시기 바랍니다."

내일 날씨가 궁금하다면 일기예보를 보면 된다. 그러면 날씨를 알 수 있어 날씨의 변화에 충분히 대비할 수 있다.

우리 인생 역시 일기예보처럼 누군가가 앞으로의 삶에 관해서 미리 귀띔해준다면 얼마나 좋을까. 그러면 불행을 충분히 피해갈 수 있을 텐데.

하지만 우리 삶에는 그런 예보 시스템이 없다. 그래서 그 누구도 한 치 앞을 장담할 수 없다.

인생은 어디로 튈지 모르는 럭비공과도 같다. 그러다 보니 뜻하지 않는 불행이 한순간 눈 앞에 펼쳐지곤 한다.

그런 일이 우리 앞에 일어났다고 하자. 당신은 어떻게 대처할 것인가. 그 상황에 좌절하며 평생을 눈물의 늪에 빠져 허우적거릴 것인가. 누구에게나 일어날 수 있는 일이라고 여기며 대수롭지 않게 넘길 것인가. 물론 불행과 맞닥뜨린 순간은 몹시 당황스럽고 혼란스러울 것이다. 또 한숨이 나오고 좌절할 것이 틀림없다. '왜 하필이면 나야'라며 하늘을 원망할 수도 있다. 하지만 분명한 건 '영원한 불행은 없다'는 것이다. 비록 지금은 불행이 끝날 것 같지 않고, 희망이나 행복이 아예 물 건너간 것처럼 보이지만, 시간이 지나면 어느새 불행은 자취를 감추고, 그 자리를 행복이 채우게 된다. 낮과 밤이 교차하듯 우리의 인생 역시 불행과 행복이 교차할 따름이다.

생각한 대로 이루어진다

불행한 상황을 떨쳐버리지 못한 채 그 기억 속에서 고통받으며 사는 사람들이 있다. 그 사람들의 증상을 가리켜 '외상 후 스트레스 증후군(Post Traumatic Stress Disorder-PTSD)'이라고 한다.

그런 기억을 깨끗이 지우기란 결코 쉬운 일이 아니다. 하지만 그런 불행한 과거로 인해 현재가 지배당해선 안 된다. 다행히 우리는 생존 이상의 본능인 '희망 본능'을 가지고 있다.

어두운 땅속에 박힌 식물이 빛을 향해 줄기를 뻗듯 절망 속에서 오히려 강렬한 희망의 기운이 솟구친다. 그것이 바로 인간의 힘이다.

불행과 시련을 오히려 성장의 발판으로 삼는 사람들도 있다. 이를 '외상 후 성장 증후군(Post Traumatic Growth-PTG)'이라고 하는데, 그 사람들은 모든 것을 좋은 경험으로 받아들인다. 그들은 삶이 뜻대로 되지 않더라도 절대 좌절하지 않고, 언젠가는 또다시 최고의 자리에 오를 것이라는 강력한 믿음을 가지고 있다. 그런 긍정적인 생각이 정신을 지배하는 순간 삶역시 긍정적으로 바뀌게 된다.

조시 해밀턴이라는 야구선수가 있다. 〈USA 투데이〉와 〈베이스볼 아메리카〉 등의 언론에 의해 2000년 MLB 최고의 유망주로 선정되기도 했던 그는 메이저리그에서 활약도 해보기 전에 그만 끔찍한 사고를 당하고 말았다. 시즌을 앞두고 가족과 함께 차를 타고 가다가 교통사고를 당한 것이다. 이로 인해 그는 등과 허리에 심각한 부상을 입었다. 하지만 그를 고통스럽게 만든 것은 따로 있었다. '내 야구 인생이 여기서 끝나나 보다'라는 불안감과 '왜 하필 나일까?'라는 생각이 그를 더욱 고통스럽게 만든 것이다. 그는 마음의 고통을 잊기 위해 술과 마약을 하고 온몸에 문신을 새기는 등 인생의 나락으로 점점 빠져들었다. 자살 시도 역시 몇 차례나 했다.

그러던 어느 날, 문득 이런 생각이 들었다.

'지금 내가 왜 이러는 걸까? 나는 지금 나와 나를 사랑하는 사람들을 죽이고 있어. 바보처럼 왜 계속 거기에 머물러 있는 걸까?'

용기를 얻은 그는 다시 방망이를 잡았다. 그리고 술과 마약의 유혹에서 벗어나기 위해 연습에 몰두했다.

생각을 바꾸니 인생 역시 술술 풀렸다. 2007년 시범경기에서 타율 4할 3리를 기록하며 모두를 깜짝 놀라게 하더니, 2010년에는 133경기에서 타율 3할 5푼 9리, 홈런 32개, 타점 100개를 기록하며 아메리칸 리그 MVP로 선정되었다.

이렇듯 그에게 있어 불행과 시련은 고통을 안겨준 동시에 삶에 대한 애착과 도전의식을 강하게 불러일으키는 일종의 자극제 역할을 했다.

비울수록 더 많은 것을 채울 수 있다

'나는 왜 남들처럼 성장하지 못하는 것일까?'

만일 이런 의문이 든다면 그 이유는 간단하다. 지금까지 살아온 방식을 버리지 못했기 때문이다.

성장이란 앞으로 나아가는 것이다. 그러기 위해서는 먼저 등 뒤에 매달린 과거의 짐들을 과감히 떨쳐버려야 한다. 많이 버린 사람은 그만큼 많은 양의 성장을 채울 수 있다.

삶은 항상 우리에게 도전을 강요한다. 인간이 완벽하다면야 자신에게 닥친 모든 것들이 두렵지도 않고 도전으로 느껴지지도 않겠지만, 인간은 신처럼 완벽하지 않다. 오히려 단점과 오류투성이다. 그래서 뭔가를 시작해야 할 때면 항상 두렵기 마련이다.

흔히 도전 앞에서 인간은 두 부류로 나뉜다. 그것을 피해 가는 사람과 정면으로 부딪치는 사람. 도전을 피해 가면 당장은 편할지 모르지만, 발전 없는 삶이 되고 만다. 반대로 도전에 부딪히면 자신의 한계와 단점을 극명하게 느낄 수 있다. 정신적·육체적 고통 역시 뒤따른다. 하지만 분명 의미 있는 일이다. 도전하겠다는 그 마음에서 이미 자신감을 얻었고, 그 자신감은 분명 좋은 결과를 낳기 때문이다.

한계와 단점은 그것을 보완할 새로운 기회를 찾는 계기가 될 수도 있다. 세계적인 축구영웅 리오넬 메시는 자신의 한계와 단점을 오히려 장점으로 만든 것으로 유명하다.

"나는 열한 살 때 충격적인 사실을 알게 되었다. 성장 호르몬의 이상으로 더는 키가 자랄 수 없다는 것이다. 축구선수에게 매우 불리한 상황이었지만 오히려 그것이 나를 더욱 강하게 만들었다. 나는 더 날쌔고, 공을 공중으로 띄우지 않는 기술을 연마했다. 단점이 장점으로 변한 것이다. 그 결과, 지금은 누구도 내 공을 함부로 빼앗을 수 없을 뿐만 아니라 어떤 상황에서도 골을 넣을 수 있게 되었다."

인생을 길고 멀리 보라

하버드대 에드워드 밴 필드 박사는 성공과 행복을 결정짓는 핵심요소로 '시간 전망(Time Perspective)'이라는 이론을 발표한 바 있다.

시간 전망이란, 지금의 행동과 의사결정이 미래에 끼칠 영향력을 말한다. 뭔가를 성취하기 위해서는 과거의 시간에 머물거나 눈앞의 이익만을 좇지 말고 멀리 보고 길게 봐야 한다는 것이다. 즉, 시간 전망이 길수록 성공과 행복의 비율은 높아진다.

불행과 시련이 닥쳤을 때, 그 시간 속에 갇혀 있지 말고 인생을 크고 길게 보라. 그러면 시련이 한낱 지나가는 바람처럼 느껴질 것이다. 또 바람이 지나간 뒤엔 따뜻한 햇볕이 비추는 봄날이 온다는 걸 안다면 시련 앞에서도 더욱 당당해질 수 있다.

"실패는 끝이 아닌 과거를 뒤집는 새로운 출발점"

실패를 경험 삼아 다시 일어서다 _ 게리 헤이븐

〈뉴스위크〉선정, 실패를 딛고 일어선 위대한 인물 10인 중 한 사람

"엄마, 또 먹어?"

"네가 무슨 상관이야?"

"도서관에서 책 좀 빌려 올게."

"올 때 햄버거랑 콜라 좀 사 오렴."

그러면서 엄마는 접시에 남은 마지막 소시지를 입에 넣었다.

"그렇게 먹고 또 먹게?"

"잔소리 좀 그만 하라니까. 어서 다녀오기나 해."

헤이븐은 미간을 찡그리며 밖으로 나갔다.

도서관으로 가는 동안 그는 뭐가 못마땅한지 입을 툭 내밀며 길 가 장자리에 놓인 돌멩이를 발로 걷어찼다.

'도대체 엄마는 왜 그렇게 먹어대는 거야. 친구들이 뚱뚱하다고 놀리는 것도 모르고.'

엄마가 아빠랑 헤어진 뒤 허전한 마음을 채우기 위해 그런다는 걸 그역시 잘 알고 있었다. 그런 엄마의 마음 역시 이해할 수 있었다. 그러나엄마의 터질 듯한 배를 보면 자신도 모르게 불쑥 화가 났다.

며칠 후 그에게 끔찍하고 가슴 아픈 일이 일어났다.

여느 때처럼 휘파람을 불며 집에 돌아온 그는 급히 엄마를 불렀다.

"엄마, 나 왔어."

분명 신발은 있는데 아무런 대답이 없었다.

'안방에 있나?'

안방 문을 열자 엄마는 침대에 다소곳이 누워 있었다.

"엄마, 자?"

그런데 왠지 이상한 생각이 들었다. 엄마의 숨소리가 들리지 않았기때문이다. 이에 급히 손을 만져봤다. 종잇장처럼 차가웠다.

"엄마, 왜 그래? 눈 좀 떠봐. 어서 일어나, 어서 일어나라고!"

그러나 엄마는 아무런 대답이 없었다. 그렇게 엄마는 갑자기 세상을떠나고 말았다. 심장마비로 인한 사망이었지만 그는 비만이 엄마를 죽음으로 몰고 갔다고 확신했다.

엄마의 죽음으로 인해 그는 모든 것이 혼란스러웠다. 엄마 없이 험한 세상을 어떻게 살아가야 할지 겁이 났고, 문득문득 떠오르는 엄마에 대한 그리움에 눈물이 마를 날이 없었다. 그때부터 그에게는 뚜렷한 목표가 생겼다.

'반드시 훌륭한 의사가 될 거야. 그래서 엄마와 같은 사람들을 꼭 낫게 할 거야.'

실패의 원인을 분석하다

세월이 흘러, 헤이븐은 그렇게 원하던 의대생이 되었다. 어느 날 그는 의사가 되는 것이 엄마와 같은 사람들을 위해 자신이 할 수 있는 최선의 길인지에 대해서 진지하게 생각하게 되었다. 그리고 오랜 생각과 고민 끝에 진로를 바꾸기로 했다.

'그래, 의사는 이미 질병을 가진 사람들을 치료하는 거야. 그것보다는 질병이 생기기 전에 미리 예방할 수 있어야 해. 영양학자나 피트니스 전문가가 되자.'

그 후 그는 영양학을 공부해 영양상담사가 되었다. 그리고 피트니스 전문가가 되기 위해 부지런히 정보와 지식을 쌓았다. 그러는 와중에 결혼도 했지만, 결혼생활이 순탄하지 않아 아내와 헤어지고 말았다. 이룬 것은 없고 삶은 점점 팍팍해져 갔다. '이러다가 인생의 낙오자가 되는 건 아닐까?'라는 생각에 마음이 답답했다. 그렇게 몇 년의 시간이 흘렀다.

그는 재혼한 아내와 함께 대형 피트니스 클럽을 열었다.

"여보, 이제 우리도 부자가 될 수 있겠죠?"

"물론이지. 이 피트니스 클럽은 내 꿈과 인생이 고스란히 담긴 곳이야. 그래서 반드시 성공하고 말 거야."

"그래요, 제가 옆에서 열심히 도울게요."

헤이븐과 아내는 피트니스 클럽 홍보 전단을 만들어 클럽 홍보에 열을 올렸다.

"건강은 건강할 때 챙겨야 합니다. 저희 클럽에서 건강한 몸을 만드세요."

"안녕하세요. 저는 헤이븐이라고 합니다. 제가 책임지고 선생님의 몸을 건강하게 만들어드리겠습니다."

순식간에 많은 사람이 그의 클럽으로 모여들었다. 하루 24시간이 모자랄 정도였다.

"여보, 이대로라면 우리 대박 날 것 같아요."

"이 정도 회원으로는 안 돼. 회원이 두 배는 더 늘어야 해. 아직 갈 길이 멀었다고."

왠지 모르게 그는 불안했다. 그리고 그 예상은 곧 적중했다. 한두 달이 지나자 회원 수가 눈에 띄게 줄기 시작한 것이다. 그는 다시 고민에 빠졌다.

'도대체 뭐가 문제지? 운동장비가 문제인가?'

이에 그는 최신형 운동 장비를 구매하는데 가지고 있던 돈을 모두 투자했다. 그러나 여전히 회원들은 썰물 빠져나가듯 계속해서 줄어들었다. 그리고 얼마 후 비싼 임대료와 운영비를 감당하지 못해 결국 문을 닫고 말았다. 그에게 남은 것이라고는 엄청난 빚과 실패라는 멍에뿐이었다.

그는 절망감에 빠져 아무것도 할 수 없었다. 밥 먹는 것은 물론 심지어 숨 쉬는 것조차도 귀찮고 힘겨웠다.

"여보, 너무 실망하지 말아요. 분명 다시 일어설 수 있을 거예요. 하늘에 계신 어머니도 당신의 이런 모습을 원하지 않을 거예요. 자, 우리 힘내요."

'어머니'라는 말에 그는 정신이 바짝 들었다.

'그래, 내가 이러고 있을 때가 아니지. 세상 사람들이 건강한 몸을 가질 때까지 난 다시 뛸 거야.'

일단, 그는 실패의 원인부터 찾기 시작했다. 그래서 회원들을 일일이 찾아다녔다.

"왜 한 달도 채우지 못하고 저희 피트니스 클럽을 그만두셨죠? 혹시 장비가 부족해서인가요?"

"아니요. 장비에 대한 불만은 전혀 없었어요. 다만, 남자와 여자가 함께 운동하다 보니 조금 불편했어요. 남자들의 시선이 자꾸 신경 쓰였거든요."

"저는 대형 거울 때문에 운동에 집중할 수 없었어요. 거울에 보이는 제 모습을 보면 한숨만 나왔거든요."

회원들의 얘기를 종합한 결과, 그는 자신이 실패할 수밖에 없었던 이유를 깨닫게 되었다.

'그래, 새로운 마음으로 다시 시작하는 거야. 작지만 알찬 나만의 피트니스 클럽을 만들자.'

"실패는 블루오션으로 가는 과정"

그는 과거의 실패를 교훈 삼아 먼저 클럽의 규모를 대폭 줄이고 남성을 위한 운동기구나 샤워시설을 없애 운영비 및 임대비용을 절감했다. 그렇게 해서 탄생한 것이 바로 여성 전용 피트니스인 〈커브스〉다. 〈커브스〉는 여성들이 빠르고 편안하며 효과적으로 운동할 수 있는 피트니스를 지향했다. 또한, 다른 클럽과 차별화하기 위해 '3No 정책'을 내세웠다.

'3No'란 'No Man', 'No Makeup', 'No Mirrors'를 뜻하는 것으로, 남자가 없고, 화장이 없으며, 거울을 없애 운동에 더욱 집중할 수 있도록 만든 것이다.

여성의 편의와 신체적 특성을 고려한 '30분 순환운동' 프로그램 역시 개발했다. 이는 준비운동, 유산소운동, 근력운동, 정리운동, 스트레칭으로 나뉘어 30분 안에 운동을 마치는 신개념 운동 프로그램이었다. 여성 전용 유압식 운동기구로 근육운동과 경쾌한 음악에 맞춘 유산소 운동이 교대로 이루어져 재미있게 운동에 임할 수 있고, 무엇보다도 회원들과 함께 친근하게 어울리며 운동할 수 있다는 게 가장 큰 장점이었다.

그는 '하루 한 잔 커피 값으로 건강이란 선물을 얻으세요!' 라는 슬로건을 내세워 이를 대대적으로 홍보했다. 그 결과, 1995년 프랜차이즈 1호 클럽을 개설한 후, 지금은 미국에서만 7,000여 개에 이르고, 전 세계 44개국에 10,000여 개가 넘는 세계적인 클럽으로 성장했다. 이는 4시간마다 클럽이 한 개씩 생기는 것으로, 세계에서 가장 빠른 속도로 증가하는 프랜차이즈로 기네스북에 오르기도 했다. 이에 미국 시사주간지 〈뉴스위크〉는 '실패를 딛고 일어선 위대한 인물 10인' 중 한 사람으로 그를 선정한 바 있다. 여기에는 이미 세계적으로 유명해져서 익히 우리가 알고 있는 사람들이 많다. 발명가 토머스 에디슨, 〈포드자동차〉의 헨리 포드, 〈디즈니랜드〉의 월트 디즈니, 〈KFC〉의 커넬 할랜드 샌더스, 〈소니〉의 아니코 오리타, 〈Macy's〉의 R.H 메이시, 《해리포터》작가 조앤

K. 롤링 등이 바로 그들이다.

만약 실패라는 값진 선물이 없었다면 그는 어느 시골에서 허물어져 가는 피트니스를 운영하며 힘겹게 살아가고 있을지도 모른다. 그러나 실패라는 선물이 있었기에 그는 다시 재기의 꿈을 꿀 수 있었고, 그것을 긍정의 힘, 기회의 힘으로 바꾸어 마침내 성공할 수 있었다. 결국, 젊은 날의 연이은 실패가 오늘의 그를 만든 것이다.

"실패를 끝이라고 생각했다면 아마 지금의 성공은 없었을 것입니다. 실패는 끝이 아니라 기존의 방식과 과거의 삶을 뒤집는 좋은 계기이자 출발점입니다. 즉, 실패는 블루오션으로 가는 과정입니다."

미래를 두려워하고, 실패를 두려워하는 사람은

그의 활동을 제한받아 손발이 묶여 있는 것과 마찬가지다.

실패를 두려워하지 마라.

실패란 이전에 했을 때보다

훨씬 풍부한 지식으로

다시 일을 시작할 수 있는 좋은 기회이다.

_포드

한 번 실패했다고 해서 세상이 끝나는 것은 아니다

● 11 ●

이 세상에 실패를 원하는 사람은 없다. 실패하면 일단 마음에 상처를 받게 되어 깊은 좌절에 빠지고 삶의 의욕을 잃게 된다. 그러니 상처와 의욕 상실이 뒤따르는 실패를 그 누가 원하겠는가.

실패를 맛봤을 때 그것을 받아들이는 태도가 중요하다. 실패를 끝으로 보면 답이 나오지 않는다. 따라서 실패를 끝이 아니라 새로운 시작이라고 생각해야 한다. 그러면 그 실패는 자극제가 되고 도전의 실마리를 제공하고 값진 경험이 된다.

어떤 사람은 이렇게 말하는 사람도 있다.

"괜히 시도했다가 실패하느니 그냥 가만히 있으면 적어도 손해라도 안 보잖아."

얼핏 생각하면 맞는 말인 것 같지만, 곰곰이 생각하면 틀린 말이다.

당신이 100만 원을 갖고 있다고 해보자. 그 100만 원을 그대로 갖고 있다고 해서 손해를 안 보는 걸까. 그렇지 않다. 물가는 점점 더 올라가고 다른 사람들은 투자해서 더 큰 이익을 얻을 수도 있다. 그러면 상대적으로 당신은 뒤처지게 된다. 시간이 지날수록 100만 원의 가치는 점점 더 떨어지기 때문이다.

멈춰있고, 머물러 있다고 좋은 것은 아니다. 실패가 됐든, 성공이 됐든 도전해야 한다. 그래야만 발전할 수 있다.

시도하지 않으면 실패하지 않겠지만 반면, 성공확률도 제로다. 끊임없이 도전하는 사람만이 성공을 거머쥘 수 있기 때문이다.

실패를 성공의 발판으로 삼아라

당신이 사원이나 대리라면 실수나 실패로부터 조금은 자유로울 것이다. 그러나 팀장이나 임원이라면 얘기가 다르다. 업무의 중요도가 다르기 때문이다. 따라서 한 번의 실수로 인해 회사에 큰 타격을 줄 수도 있다. 그렇다고 해서 자신이 해야 할 업무를 게을리해서 실수나 실패를 하라는 건 아니다. 젊은 패기와 도전정신으로 새로운 일을 시도하라는 것이다. 어쩌면 당신의 상사는 새로운 일에 도전해서 실패를 맛본 당신의 열정에 더 높은 점수를 줄지도 모른다.

실패에 대한 두려움을 갖고 있으면 무엇도 시도할 수 없다.

밀림의 사냥꾼인 치타 역시 사냥에서 매번 성공하는 것은 아니다. 열 번 사냥을 시도하면 잘해야 한두 번 성공한다. 그렇다고 해서 결코 좌절하거나 주저앉지는 않는다. 새로운 마음으로 다시 뛴다.

홈런타자들 역시 마찬가지다. 그들은 홈런을 치기 위해 큰 스윙을 해야 하므로 쉽게 삼진아웃을 당하곤 한다. 그러나 그들은 삼진아웃에 그리 연연해 하지 않는다. 그것에 발목을 잡히는 순간, 절대 홈런을 칠 수 없기 때문이다.

이렇듯 성공은 끊임없이 노력하고, 연습하며, 도전하는 사람에게 찾아오는 선물과도 같다.

현재 성공의 표본으로 불리는 사람들도 예전에는 대부분 실패자였다. 그러나 그들은 그 실패를 훈장처럼 생각했지 절대 부끄러워하거나 절망의 늪이라고 생각하지 않았다.

애플컴퓨터 창립자, 스티브 잡스

그는 1984년 뛰어난 기술을 보유하고 있음에도 불구하고, 마케팅 능력 부족으로 〈IBM〉에게 선두자리를 내주고 말았다. 그 일로 인해 그는 그가 고용한 〈펩시콜라〉 출신의 존 스컬리 회장으로부터 퇴출을 당하고 만다. 자신이 창립한 회사에서 쫓겨나고 만 것이다. 이 일로 인해 그는 큰 충격을 받았고 실패의 쓴잔을 맛봐야 했다. 그러나 그는 그것을 끝이 아닌 새로운 시작이라고 생각했다.

그리고 마침내 〈픽사(Pixar)〉를 통해 세계 최초의 3D 애니메이션 영화인 '토이 스토리'를 제작, 대박을 터뜨렸고, 다시 〈애플〉의 CEO로 재입성할 수 있었다.

월트 디즈니 역시 젊은 시절, 수많은 실패를 겪은 것으로 유명하다.

그는 신문사 편집실에서 일할 당시 아이디어가 없다는 이유로 편집장으로부터 해고를 당해야 했다. 그로 인해 자존심에 큰 타격을 입은 그는 그 후 여러 가지 만화 캐릭터를 만들었지만 거듭 실패했다. 그럼에도 불구하고, 그는 계속해서 전진했다. 그리고 마침내 허름한 창고에서 미키 마우스를 탄생시킬 수 있었다. 실패를 실패로 보지 않고 성공의 발판으로 봤기에 가능한 일이었다.

이처럼 성공을 꿈꾸되, 실패를 두려워해선 안 된다. 뭐든지 시도하라. 시도도 하기 전에 미리 실패를 걱정해선 안 된다.

〈삼성그룹〉 창업주인 이병철 회장은 성공 마인드에 대해 이렇게 말한 바 있다.

"어느 사업이나 실패의 위험성은 다 있지만 가장 위험한 것은 처음부터 실패할 여지가 있다는 생각을 안고 일에 착수하는 것이다."

그렇다. 실패를 생각하는 순간, 진짜 패배자가 되는 것이다. 그러나 실패는 성공의 과정이며, 누구나 겪는 일상적인 일로 받아들인다면 당신의 성공 확률 역시 배로 늘릴 수 있다.

"그 길이 아니면 안 된다고 믿어라"

미망인 경영 신화를 창조하다 _ 장영신

포기하지 않으면 길이 보인다

국내 최초의 여성 최고경영자, 여성 경제인협회 초대회장, 전경련 첫 여성 부회장….

'여성 1호'라는 타이틀을 가장 많이 보유한 여성이 있다. 바로 〈애경 그룹〉 장영신 전 회장이다.

현재 그녀는 팔십을 앞두고 있지만 새로운 것에 대한 도전을 여전히 멈추지 않고 있다. 사실 그녀가 〈애경그룹〉의 회장이 되기까지는 참으로 우여곡절이 많았다. 그 우여곡절 안에는 배움에 대한 열정 역시 녹아 있다.

그녀가 본격적으로 경영 전선에 뛰어든 것은 1972년 남편이 갑작스레 세상을 떠나면서부터다. 당시 그녀의 나이 36세였다. 하지만 그녀는 그 사실을 바로 알지 못했다. 막내아들을 낳은 지 겨우 사흘밖에 되지 않았기 때문이다. 이에 주위 사람들은 그녀가 건강을 되찾을 때까지 그 사실을 숨기기로 하고, 누구도 함부로 발설하지 않았다. 나중에야 성당 신부님으로부터 그 사실을 전해 듣게 된 그녀는 하늘이 무너지는 슬픔을 느꼈다. 그러자 신부님은 그녀에게 다음과 같이 위로의 말을 건넸다.

"확실한 건 이게 분명 끝은 아니라는 것입니다. 훌훌 털어 이겨내고 새롭게 시작하십시오. 아무리 절망적인 상황에서도 정신만 바짝 차리면 살길이 보이는 게 우리 인생입니다. 그러니 어린아이들을 위해서라도 반드시 힘을 내십시오."

신부님의 말에 그녀는 마음을 다잡았다. 하지만 마음속 깊숙이 찾아오는 슬픔과 두려움만은 결코 어쩔 수 없었다. 무엇보다도 매일 아침 눈을 뜬다는 게 두려웠다. 차라리 잠에서 깨어나지 않았으면 좋겠다는 생각도 여러 차례 했다. 이에 거의 일 년 동안 외출도 하지 않은 채 오로지 아이들과 함께 집안에서 시간을 보냈다.

배우고, 연구하고, 다가서다

그러던 어느 날, 그녀는 이대로 살아서는 안 되겠다는 생각이 들었다. 이에 남편이 벌여놓은 사업을 대신 맡기로 했다. 남편도 그걸 바랄 듯싶었다.

'그래, 남편이 하던 사업을 이어받아야겠어.'

그러나 결심을 하기는 했지만 갑갑하기 그지없었다. 결혼 10년 동안 줄곧 집안일만 해왔기 때문에 세상 돌아가는 일과 사업에 대해서는 아무것도 몰랐기 때문이다. 또한, 주위 사람들과 가족, 친척들 역시 앞장서서 그녀를 말리고 나섰다.

"괜히 나서지 마세요. 남편이 힘겹게 이뤄놓은 사업을 망하게 할 생각입니까?"

그러나 오직 한 사람 친정어머니만큼은 그녀를 응원해주었다.

"그래, 넌 잘해낼 수 있을 거야. 넌 단 한 번도 이 엄마를 실망하게 한 적이 없잖니. 보란 듯이 잘 해보렴."

그 말에 힘을 얻은 그녀는 두 주먹을 불끈 쥐었다. 그리고 본격적으로 이것저것 준비하기 시작했다.

그녀가 첫 번째로 준비한 것은 경리학원에 다니는 것이었다. 회사를 운영하려면 일단 돈에 대해 잘 알아야 할 것 같았기 때문이다. 이에 타자와 부기, 사업체 운영비 등 돈에 관한 전반적인 지식을 몰래 학원에 다니며 배웠다.

그리고 마침내 1972년 7월 회사로 첫 출근을 했다. 하지만 의욕은 대단했지만, 막상 그녀가 할 수 있는 일은 아무것도 없었다. 일단, 임원들이나 부하직원들이 업무와 관련해서 전문적인 용어를 사용했기 때문에 도통 알아들을 수가 없었다. 또한, 직원들이 결재를 받으러 올 때도 그것이 어떤 내용인지 잘 파악할 수 없었다. 이에 그녀는 깊은 한숨을 내쉬는 일이 잦았다.

'나는 여기서 허수아비에 불과하군. 아무것도 모르는 이 한심한 아줌마 같으니라고.'

그렇다고 그대로 두고 볼 수만은 없었다. 모르면 배우고, 궁금한 게 있으면 끝까지 알아내야 했다.

"그래, 오늘부터 나는 보따리 사장에 야학 사장이다."

그때부터 그녀는 퇴근할 때 업무 관련 서류를 보따리에 가득 싸서 집으로 가지고 왔다. 다른 직원들은 퇴근과 동시에 회사 업무가 모두 끝났지만, 그녀는 그때부터가 시작이었다. 아는 것보다 모르는 것이 더 많다 보니 어쩔 수 없었다. 그렇게 해서 회사 관련 서류와 제안서를 밤새워 공부하고 연구하며 분석했다. 또 모르는 것이 있으면 부끄럽게 생각하지 않고 부하 직원에게 물어봤고, 공부하다가 이해하기 어려운 부분이 생기면 밤늦게라도 그 서류를 작성한 직원을 직접 찾아가 그것에 관해 물어봤다. 그렇게 해서라도 반드시 궁금한 사항을 해결했다. 그렇게 해서 거의 일 년 동안 전반적인 회사 업무에 대해서 배웠다.

만일 그녀가 자신의 부족한 점을 알면서도 회장이라는 직함 때문에 배우려고 하지 않았다면 아마도 〈애경그룹〉은 오늘날 존재하지 않았을지도 모른다. 그런 점에서 그녀의 배움에 대한 강한 갈망과 새로운 것에 대한 도전정신이 지금의 그녀와 〈애경그룹〉을 만들었다고 해도 과언은 아니다.

"하나의 길을 정한 후 끝까지 최선을 다하라"

그 후 사업은 탄탄대로를 달렸다. 주방 세제 '트리오' 출시에 이어 분말 세제 '스파크' 출시, 〈애경백화점〉 오픈, 화장품 출시 등 비누 제조를 넘어 화학, 유통, 호텔, 항공까지 사업 영역을 넓혀 〈애경그룹〉을 마침내 대기업 반열에 올려놓았다. 배우고, 연구하고, 새로운 일에 대한 열정이 있었기에 가능한 일이었다.

현재 그녀는 팔십을 앞두고 있다. 그러나 여전히 스펀지와 같은 삶을 살고 있다. 스펀지가 물을 흡수하듯 이 세상 모든 지식과 지혜를 다 흡수하기를 원하기 때문이다. 배우는 것만큼 행복한 것은 없으며, 배우는 것만큼 발전한다는 사실을 잘 알고 있기 때문이다. 이에 그녀는 자신의 성공 신화를 담은 자서전 《스틱 투 잇(Stick to it)》을 통해 다음과 같이 말한 바 있다.

"성공한 사람들은 결코 남보다 강하거나, 잘나서 성공한 것이 아닙니다. 그 길이 아니면 안 된다고 믿고 묵묵히 노력했기 때문에 성공한 것입니다. 따라서 힘든 상황에서도 끝까지 포기하지 않고, 긍정적인 생각으로 노력한다면 그 어떤 어려운 목표도 이루어 낼 수 있습니다. 저 역시 그것을 직접 경험했습니다."

절망은 우리의 전진을 가로막는다.

절망은 우리의 희망을 좀먹는다.

절망은 우리의 강한 의지를 꺾어 눕힌다.

절망은 우리의 연약한 힘을 견디기 어렵게 만든다.

그 때문에 우리에게 있어

절망은 죽음보다도 더 무서운 것이다.

_보브나르그

삶으로부터 절대 도망가지 마라

● 12 ●

병법에 '배수진背水陣'이란 말이 있다. 이 말은 한나라 명장 한신의 일화에서 시작되었다.

중국 한나라의 첫 번째 황제인 유방에게는 '건국 3걸'이라 불리는 충성스러운 부하가 셋 있었다. 장량, 소하 그리고 한신이 바로 그들이었다. 그중 한신은 수많은 싸움에서 승리해 한나라를 여는 데 큰 역할을 했다.

조나라를 공격할 때의 일이었다. 유방의 명에 의해 한신은 조나라를 공격할 만반의 태세를 갖추었다. 이 소식을 접한 조나라 왕은 20만 대군을 정형에 집결시켰다.

한신은 군대를 이끌고 조나라 땅으로 들어가 정형에서 삼십 리 정도 떨어진 곳에 진을 쳤다. 그리고 정예의 무장 기병들에게 붉은 깃발을 나눠주며 다음과 같이 지시했다.

"너희들은 숲 속에 숨어 있도록 해라. 적이 공격해오면 분명 성벽의 수비를 비울 것이다. 그 틈을 이용해서 성안으로 들어가 붉은 깃발을 꽂아라."

"예, 장군!"

무장 기병들은 곧 숲 속으로 숨어들었다. 한편 한신의 군대가 강을 등지고 있는 것을 본 조나라 정찰병은 왕에게 다음과 같이 말했다. "한신의 군대가 강을 등지고 진을 치고 있습니다."

그러자 조나라 왕은 한신을 비웃기에 바빴다.

"그래, 참으로 우습구나. 진을 칠 때는 산이나 언덕을 오른편에 두거나 뒤에 두어야 하고, 강은 앞이나 왼편에 두어야 하거늘, 강을 등지고 진을 치다니. 참으로 한심한 장군이로다. 명장이라는 말이 다 헛소문이었구나. 더는 머뭇거릴 필요 없다. 지금 당장 적의 군대를 쓸어버려라."

날이 밝자 조나라 군대가 구름떼처럼 한신의 군대를 향해 진격해왔다. 그 모습을 본 병사들은 잔뜩 겁을 먹은 채 벌벌 떨었다. 이에 한신은 비장한 표정을 지으며 병사들을 향해 이렇게 외쳤다.

"두려워하지 마라! 우리 등 뒤에는 깊은 강이 있어 어차피 뒤로 물러날 수도 없다. 강물에 빠져 죽는 것보다 싸워서 죽는 게 더 명예롭지 않겠느냐! 자, 죽을 힘을 다해 싸워라!"

잠시 후 조나라 군사와 한신의 군사들 사이에 치열한 격전이 벌어졌다. 한신의 군사들은 더는 도망갈 곳이 없었기 때문에 목숨을 건 채 맹렬하게 싸웠다. 이에 필사적으로 덤비는 한신의 군대를 참다못한 조나라 군대는 곧 퇴각하고 말았다. 하지만 조나라의 성은 이미 한신의 명을 받은 무장 기병들이 장악하고 있었다. 결국, 혼란에 빠진 조나라 군대는 우왕좌왕하며 뿔뿔이 흩어지고 말았다.

한신의 군대는 수적으로나 전투력에서 조나라 군대보다 열세임이 분명했다. 하지만 죽을 각오로 싸웠기 때문에 기적과도 같은 승리를 거둘 수 있었다. 이는 잠재력이 극한 상황에 이를수록 인간은 더 큰 힘을 발휘한다는 사실을 한신이 잘 알고 있었기 때문이다. 그래서 배수진을 치고 전투에 임한 것이다.

열정은 모든 것을 가능하게 한다

누구나 열정이 있고, 강력한 동기부여만 된다면 무수한 한계와 제약을 뛰어넘어 위대한 성과를 얻을 수 있다.

중국 남북조 시대 양나라 초대 황제인 무제 때 있었던 일이다. 무제는 각종 책에서 한 자씩 모은 1,000개의 글자를 가지고 있었다. 왕자들을 가르치기 위해 직접 모은 것이었다. 하지만 여기저기에서 모아놓은 것이었기 때문에 제대로 된 문장이 아니었다.

당시, 주흥사라는 학자가 죄를 짓고 사형선고를 받은 후 죽을 날만을 기다리고 있었다. 그 사실을 안 무제는 즉시 그를 불렀다. 그를 죽이기에는 그의 학식과 재능이 매우 아까웠기 때문이다.

"네게 살길을 열어주겠다."

"황제 폐하, 감사합니다."

"그 대신 조건이 하나 있다. 이 1,000개의 글자를 한 자도 중복되지 않게 이어서 문장을 만들도록 해라. 그러면 너의 모든 죄를 사면해주겠다. 시간은 단 하루다."

"단 하루요? 어찌 그것을 단 하루 만에 할 수 있단 말입니까?"

"죽고 안 죽고는 네가 선택하는 것이다."

단 하루 만에 한 자도 중복되지 않고 새로운 문장을 만든다는 건 도저히 불가능한 일이었다. 하지만 그렇게 하지 않을 경우, 그를 기다리는 건 죽음밖에 없었다.

그는 지체할 시간이 없었다. 이에 곧 1,000개의 글자를 이리저리 조합하고 정리하며 문장을 만들기 시작했다. 그렇게 밤을 꼬박 새웠다. 그리고 마침내 1,000자의 글자를 한 구가 4자로 이루어진 250개의 문장으로 만들어내는 데 성공했다. 그것이 바로 우리가 알고 있는 '천자문千字文'이다.

주흥사가 완성한 문장을 본 무제는 놀라움을 금치 못했다.

'정녕 이것을 단 하룻밤 만에 만들었단 말인가!'

이로써 주흥사는 죽음을 면할 수 있었다.

후세 사람들은 주흥사가 밤새도록 그 문장을 만드느라 고심하고 집중한 나머지 하룻밤 사이에 머리털이 하얗게 새었다고 해서 천자문을 '백수문白首文'이라고 부르기도 한다.

생각건대, 주흥사에게 '반드시 살아야겠다'는 절박함과 간절함이 없었다면 하룻밤 사이에 천자문을 만들 수 없었을 것이다. 죽을힘을 다했기에 살 수 있었고, 오랜 세월이 지나도 잊히지 않는 위대한 문장을 만들 수 있었던 것이다.

한 번이라도 최선을 다해본 적이 있는가

현대그룹 창업주 고 정주영 회장은 무슨 일이든 한 번 발을 담그면 죽을 힘을 다해서라도 반드시 성과를 낼 것을 강조했다.

"열아홉 살 때 인천에서 막노동을 할 때였다. 노동자 합숙소는 밤이면 들끓는 빈대로 잠을 잘 수가 없을 지경이었다. 할 수 없이 빈대를 피하고자 밥상 위로 올라가 잤는데, 빈대가 밥상 다리를 타고 올라와 물었다. 이에 밥상의 네 다리에 물을 담은 양재기를 하나씩 고여 놓고 잠을 잤는데, 여전히 빈대가 온몸을 물어뜯었다. 생각대로라면 상다리를 타고 기어오르다가 양재기 물에 빠져 죽었어야 했다. 궁금해서 불을 켜고 살펴본 순간, 기가 막혀 말이 나오지 않았다. 빈대들이 벽을 타고 천장으로 올라가 사람을 향해 툭툭 떨어지고 있었기 때문이다. 순간, 한갓 미물도 목적을 위해 저토록 머리를 쓰고 죽을힘을 다하는데, 나는 뭔가? 라는 생각이 들었다."

한 번이라도 최선을 다해본 적이 있는가? 나아가 죽을힘을 다해서, 죽을 각오로, 자신이 가진 에너지를 100% 발산해본 적이 있는가?

성공과 실패가 주위의 환경이나 상황에 많이 좌우될 수도 있지만 일차적인 원인은 전적으로 자기 자신에 달려 있다.

최선을 다한 사람은 그에 합당한 결과를 분명 얻게 된다. 설령, 실패한다고 해도 후회나 미련은 없다. 마음 안에 이미 자신에 대한 뿌듯함과 대견함이 가득하기 때문이다.

꿈을 이루게 하는 두 가지 요소, 욕망과 열정

꿈을 이루고자 하는 사람들의 가슴속에는 간절한 '욕망'과 뜨거운 '열정'이 있다.

다이아몬드와 돌멩이가 앞에 놓여있다고 해보자. 둘 중 하나를 선택할 기회가 주어진다면 어떤 것을 선택하겠는가. 바보가 아닌 다음에야 누구나 다이아몬드를 선택할 것이다.

누구나 다 물질에 대한 욕심이 있다. 물질뿐이겠는가. 행복, 여유, 사랑 등 보이지 않는 정신적인 것 역시 남보다 더 많이 갖고 싶은 것이 사람의 마음이다. 이를 다른 말로 표현하면 '욕망'이라고 할 수 있다.

욕심과 욕망은 사람의 본능이다. 이는 지나치면 해가 되지만 긍정적인 측면에서 보면 발전을 꾀할 수 있는 아주 강력한 힘의 원천이 되기도 한다.

사실, 인간의 행동은 욕망으로부터 시작된다고 해도 과언이 아니다. 부자가 되고자 하는 욕망이 있기에 열심히 일하며, 성공하고자 하는 욕망이 있기에 부지런히 공부하고 책을 읽는다.

욕망이 없는 사람은 게을러지고, 무슨 일이든 소극적이며, 동기의식이 부족해지기 쉽다. 그러나 욕망을 제대로 발산하면 코뿔소와 같은 저돌적인 힘을 발휘하게 되어 큰 성과를 얻을 수 있다. 그런 면에서 아프리카 초원은 욕망의 싸움터라고 할 수 있다. 쫓고 쫓기는 상황에서 누가 더 욕망이 강하냐에 따라 목숨이 좌지우지되기 때문이다. 쫓는 사자가 쫓기는 사슴보다 욕망이 강하면 사슴을 끝내 잡아먹을 것이고, 살겠다는 욕망이 강한 사슴이라면 사자를 충분히 따돌릴 것이다.

인간 사회 역시 마찬가지다. 꿈과 성공에 대해 욕망이 큰 사람이 그렇지 못한 사람보다 더 많은 것을 이루어낼 수 있다.

하지만 욕망 못지않게 중요한 것이 있다. 바로 '열정'이다. 독일의 철학자 헤겔은 열정의 중요성에 대해서 다음과 같이 말한 바 있다.

"이 세상의 어떤 위대한 것도 열정 없이 이루어진 것은 단 하나도 없다."

그런 점에서 열정은 위대한 성과를 이루는 기초이자 도전과 모험을 끌어내는 자양분이라고 할 수 있다. 또한, 실패의 구렁텅이에 빠졌을 때 꿈을 향해 다시 달려갈 수 있게 하는 발판이자, 진정 원하는 것을 향해 끝까지 물고 늘어지는 끈기이기도 하다.

지금 당장 자신의 마음속을 들여다보라. 분명 꺼지지 않는 뭔가가 가슴을 여전히 뛰게 하고 있을 것이다. 그것이 바로 우리가 간직한 열정이다.

"가고자 하는 방향이 중요하다"

호떡 장수에서 프랜차이즈 업계의 대부가 되다 _ 김철호

인생의 벼랑 끝까지 가보지 않은 사람은 삶의 소중함을 모른다

말끔하게 차려입은 한 남자가 호떡을 파는 작은 포장마차 안으로 들어섰다.

"어서 오세요. 몇 개나 드릴까요?"

"여섯 개만 주세요."

"예, 잠시만 기다리세요."

잠시 후 아주머니가 호떡을 내밀었다.

"여기 있습니다."

호떡을 받아든 남자는 순간, 눈물이 핑 돌았다.

"아니, 왜 그러세요?"

"아, 아, 아닙니다. 많이 파세요."

남자는 호떡 봉지를 옆구리에 끼고 급히 포장마차를 나왔다. 한줄기의 눈물이 볼을 따고 흘러내렸다. 그러자 주마등처럼 지난날이 스쳐 지나갔다.

남자의 이름은 김철호. 지금은 어엿한 죽 전문회사의 CEO지만 그 역시 한때 밑바닥까지 경험했던 사람이었다. 그런 그가 다시 일어설 수 있었던 건 역설적이게도 아무것도 가진 게 없었기 때문이었다.

좌절한 순간, 인생도 그 자리에서 멈추게 된다

그는 1993년 인삼 판매업을 시작으로 다이아몬드 유통업에도 손을 댔지만, 생각만큼 사업이 잘되지 않았다.

'도대체 뭘 해야 성공할 수 있을까?'

그의 머릿속에는 항상 어떻게 하면 성공할 수 있을지에 대한 생각으로 가득했다. 그러던 어느 날, 머릿속에 '고급화 전략'이라는 말이 번쩍 떠올랐다.

'그래, 좀 비싸더라도 몸에 좋고, 건강에도 좋으면 사람들이 반드시 구매할 거야.'

이에 그가 선택한 것은 순식물성 목욕제품이었다. 그러나 장사를 하려면 매장이 필요했다. 하지만 가지고 있던 돈이 없었기 때문에 어쩔 수 없이 집을 지하 월세로 옮겼다. 방 보증금으로 가게를 얻기 위해서였다. 그렇게 해서 얼마 후 방배동에 수입 목욕용품점 〈B&B 하우스〉를 열었다.

그의 예상은 적중했다. 가히 폭발적일 만큼 사업은 성공적이었다. 사업을 시작한 지 일 년여 만에 가맹점이 400개가 생겼고, 연 매출 역시 500억 원을 돌파했다. 그러나 그 성공은 그리 오래가지 못했다. IMF 외환위기로 인해 큰 위기가 찾아온 것이다. 이에 다시 빈털터리 신세가 되고 말았다. 심지어 살던 집마저 경매에 넘어가 온 가족이 뿔뿔이 흩어져야 했다. 최고의 자리에서 하루아침에 밑바닥 인생이 되고 만 것이다. 한강을 지나갈 때마다 차라리 죽는 게 낫겠다는 생각이 든 게 한두 번이 아니었다. 그럴 때마다 그는 마음을 다잡았다.

'여기서 삶을 포기하기에는 아직 내게 기회가 너무 많아. 앞선 실패는 내 자만심에 대한 경고였다고 생각하자. 그래, 밑바닥부터 다시 시작하자.'

더는 잃을 게 없었던 그는 오히려 마음이 홀가분했다. 뭐든지 시작하면 지금보다는 훨씬 더 나을 것만 같았기 때문이다.

마음을 다잡은 그는 요리학원에 취업했다. 말이 취직이지 월급도 없는 무급 총무였다. 학원 한쪽에서 먹고 자면서 청소도 하고 학원생 관리도 해야 하는 일이었다. 그러면서 어깨너머로 요리를 배웠다. 하지만 뭔가를 다시 할 수 있다는 것 자체가 행복했다. 그는 자신이 살아있음을 느꼈다. 학원 홍보도 병행했는데, 그의 홍보 덕분인지 학원생 수가 점점 늘기 시작했다. 그래서인지 학원장은 그를 볼 때마다 흐뭇해하고 매우 고마워했다.

"김 총무, 자네 덕분에 학원생이 두 배로 늘었어. 마케팅 능력이 아주 뛰어난 것 같은데, 무슨 비법이라도 있나? 예전에 뭘 했다고 했지?"

"그냥 이것저것 닥치는 대로 했습니다."

그는 한순간도 가만히 있지 않았다. 뭔가를 생각하고 그것을 실천하면서 하루를 보냈다. 특히 시간이 많은 밤에 할 수 있는 일에 대해서 많은 생각을 했다. 그 시간에 뭐라도 하고 싶었기 때문이다.

'그래, 호떡 장사라도 해보자.'

창피하기도 했지만 그런 걸 따질 여유가 없었다. 자존심보다는 먹고 사는 게 먼저였기 때문이다. 그는 호떡 굽는 기술을 배우기 위해 당시 호떡으로 이름을 날리던 호떡집 주인을 무작정 찾아갔다.

"사업을 하다 망했습니다. 죽으려고도 했지만 그럴 용기라면 다시 시작하자고 다짐하고 이렇게 선생님을 찾아왔습니다. 제게 호떡 굽는 법을 좀 가르쳐주십시오. 제발 부탁드립니다."

호떡집 주인은 생면부지의 사람이 다짜고짜 찾아와서 호떡 굽는 방법을 알려달라고 하자 당황했다. 그래서 처음에는 거절했지만 날마다 찾아와서 간곡하게 부탁하자 어쩔 수 없이 비법을 가르쳐주었다.

"눈빛이 너무 간절하고, 하고자 하는 의지가 보여서 가르쳐주는 겁니다. 그러니 꼭 성공하세요."

호떡 굽는 기술을 배운 그는 당장 학원장을 찾아갔다.

"원장님, 부탁이 하나 있습니다."

"뭔가, 말해보게나."

"저녁 시간에 학원 앞에서 호떡 장사라도 좀 했으면 합니다."

원장은 잠시 고민하더니 이내 고개를 끄덕였다.

"그래, 한 번 해보게. 대신 꼭 대박 나야 하네, 알았지?"

"예, 감사합니다."

며칠 후 그는 호떡 장사를 시작했다. 호떡 이름은 '꿀떡개비'라고 지었다. 그런데 복장이 특이했다. 그는 넥타이와 와이셔츠에 양복 정장을 입고 호떡을 구웠다. 그 나름대로 차별화를 시도한 것이다. 그래서인지 첫날부터 꽤 많은 손님이 찾아왔다.

그러던 어느 날, 그의 앞에 갑자기 아내가 나타났다. 그리고는 한참 동안 그를 바라보더니 소리 없이 눈물을 흘렸다.

"당신, 지금 여기서 뭐 하는 거예요?"

"보면 몰라? 호떡 굽고 있잖아."

그러자 말없이 눈물을 훔치던 아내는 그의 옆으로 와서 같이 호떡을 굽기 시작했다. 그런 아내를 보면서 그는 눈물을 삼켰다. 그리고 다시 한 번 재기의 꿈을 불태웠다.

'다시는 집사람 눈에서 눈물이 흘리지 않게 할 거야.'

그렇게 반년이란 시간이 흘렀다. 호떡 장사를 통해 용기를 얻은 그는 새로운 사업에 다시 도전하기로 했다. 친구와 함께 직접 요리학원을 차린 것이다. 나름대로 전략이 있었다. 외식업 창업을 하려는 사람들을 상대로 요리를 가르치고 그들에게 창업 컨설팅까지 해주는 것이었다. 아이템이 괜찮았는지 학원은 금세 자리를 잡았다. 매출 역시 고공행진을 이어갔다. 해가 갈수록 외식업 창업자들이 늘고 있었기 때문이다.

그런데 또다시 그에게 시련이 닥쳐왔다. 동업하던 친구가 혼자서 학원을 운영하겠다고 선언한 것이다. 결국, 그는 다시 빈털터리 신세가 되고 말았다. 괴롭고 힘들었지만 3년 동안 요리학원을 운영하면서 나름대로 사업에 관한 성공 노하우를 축적한 것을 위안으로 삼았다.

'그래, 생각이 다르고, 꿈이 다른데 언제까지 함께 갈 수는 없지. 오히려 잘 되었어. 이제부터 나만의 사업을 본격적으로 시작해보자.'

간절한가, 그만큼 절박한가

그는 몇 날 며칠 동안 방에 틀어박혀 새로운 사업을 구상했다. 그만큼 간절하고 절박했다. 그러던 어느 순간, 번뜩하고 떠오르는 게 있었다. 바로 '죽'이었다.

그는 떨리는 목소리로 아내에게 말했다.

"여보, 우리 죽 집을 한 번 해보는 게 어떨까? 내 생각에는 괜찮을 것 같은데."

그러나 아내는 고개를 저었다.

"죽 집이요? 죽을 먹는 사람은 환자들 아니면 노인들뿐이잖아요. 그런 사람들을 상대로는 한계가 있어요. 차라리 돈가스나 삼겹살집을 하는 게 낫지 않겠어요?"

"아니야, 내 생각은 조금 달라. 남들이 하지 않는 걸 해야지만 성공할 수 있어. 당신 말마따나 지금은 환자들이나 노인들 밖에 죽을 먹지 않지만, 그것을 일반사람으로 확산하면 충분히 승산이 있어. 그러니 한 번 해보자. 나를 믿어줘."

그렇게 해서 그는 2002년 9월, 혜화역 인근에 스무 평 규모의 죽 집을 열게 되었다. 가게 이름은 〈본죽〉이었다.

그는 이번이 마지막이란 생각으로 열심히 뛰었다. 새벽에 시장에 나가 신선한 재료를 사 오고, 역 주변과 인근 병원을 돌며 부지런히 전단을 돌렸다. 그리고 전단을 돌릴 때는 반드시 정장을 입었다. 죽에 대한 좋은 이미지를 심어주기 위해서였다. 하지만 생각만큼 매출이 쉽게 오르지 않았다. 온종일 움직이고 만들었는데도 고작 십만 원 안팎이 다였다. 그러나 절대 낙심하지 않았다. 좋은 식재료를 통해 충분한 영양가를 공급하면 일반인들의 한 끼 식사로도 충분할 것이라는 믿음이 있었기 때문이다. 그리고 그 예상은 곧 적중했다. 개업 후 3개월 정도가 되자 서서히 가게가 바빠지기 시작한 것이다. 병원에서도 단체주문이 왔고, 한 번 먹어본 사람들이 다른 사람들을 끌고 오기도 했다. 입소문을 타기 시작한 것이다. 급기야 죽을 먹기 위해 길게 줄까지 서는 보기 드문 광경까지 연출되었다.

그 후 〈본죽〉은 대나무처럼 쑥쑥 성장했다. 7개월 만에 100호 가맹점을 돌파하더니, 다시 5개월 만에 200호 점을 넘었고, 7년 만에 1,000호 점을 넘기는 대기록을 수립했다. 그리고 지금은 비빔밥과 도시락 사업으로까지 영역을 넓혔다. 이 모든 것은 비록 밑바닥 인생까지 갔지만 좌절하지 않고, 늘 자신의 꿈을 향해 도전하고, 남들과는 다른 시각을 가졌기에 가능한 것이었다.

말했다시피, 그 역시 한때 사업에 실패한 후 수많은 절망의 순간을 맞았다. 하지만 그 절박한 시간 속에서도 결코 희망을 잃지 않았기에 오늘의 그가 있는 것이다.

그는 자신의 성공에 대해서 이렇게 말한다.

"성공하려면 절박함이 있어야 합니다. 저 역시 수많은 실패와 고난을 겪다 보니, 다시는 아내와 아이들을 울리지 않겠다는 절박함이 있었습니다. 그것이 오늘의 저를 만들었습니다."

외부 조건들이 변하기만을 기다린다면,

당신은 당신이 할 수 있는 일의 절반밖에 하지 못할 것이다.

_디오도어 루빈

멈출 것인가, 전진할 것인가

● 13 ●

　고여 있는 물은 썩기 마련이다. 마찬가지로 개인이나 조직 역시 발전하기 위해서는 끊임없이 변화를 추구해야 한다. 변화라는 건 단순히 세월의 흐름에 따라 느긋하게 바뀌는 걸 의미하지 않는다. 시대보다 한발 앞선 지식이나 감각으로 생산적인 미래를 개척하고 투자해야 한다. 그렇지 않고 현실에 안주하거나 과거의 화려했던 성공에만 도취해 있다면 그 미래는 불을 보듯 뻔하다.

　미래를 위한 변화, 즉 혁신만이 발전을 앞당길 수 있다. 하지만 그것이 말처럼 쉬운 것은 아니다. 지금보다 훨씬 더 많은 노력이 필요하고, 그로 인한 고통 역시 끊임없이 감내해야 하기 때문이다. 그래야만 살아남을 수 있고, 더 강한 힘을 가질 수 있다.

　혁신하면 떠오르는 인물이 있다. 세계적인 기업 〈GE〉의 전 CEO '잭 웰

치'가 바로 그다. 그가 〈GE〉의 회장으로 부임했을 당시 〈GE〉의 가치는 120억 달러에 불과했다. 하지만 그가 퇴임할 당시에는 4,500억 달러로 무려 40여 배 가까이 늘어났다. 그 비결은 과연 무엇일까.

바로 '혁신'이었다. 그는 회사를 운영하는 내내 과감한 혁신을 단행했다. 이를 위해 시장에서 도태된 부서는 과감히 폐쇄하거나 매각하였다. 이로 인해 직원들은 직장을 잃게 되었고, 항간에는 그를 냉혈한이라고 부르는 사람들도 있었다. 하지만 시간이 흐르자 사람들은 그를 혁신 전도사 내지 리더십의 표본이라고 부르기 시작했다.

이처럼 혁신하면 카리스마 리더십을 떠올리기 쉽다. 하지만 조금은 더 디지만 기다릴 줄 알고 직원들과 함께 가는 것을 중시하는 조용한 리더십도 있다.

믿고 기다려라

〈3M〉은 스카치 테이프와 포스트잇으로 유명하다. 〈3M〉의 회장을 지낸 윌리엄 맥나이트는 조용한 리더십의 소유자로 유명하다. 그는 스무 살에 〈3M〉에 입사해 장부를 정리하는 일을 담당하였다. 그가 입사할 당시만 해도 〈3M〉은 사금을 캐는 조그만 광산업체에 불과했다.

꼼꼼하고 조심성 있는 성격에 빈틈이라곤 없는 그를 보며 사람들은 혀를 내두르곤 했다.

"윌리엄, 우리 일 마치고 술 한잔 하러 갈 건데, 자네도 같이 가지?"

"아니에요, 전 남은 일이 있어서요. 고맙지만 다음에 참석할게요."

"너무 바쁜 척하는 거 아니야? 친해지고 싶은데 영 시간을 내주지 않는군."

"죄송해요."

이처럼 그는 일밖에 몰랐다. 사람들과 어울릴 시간을 줄이면서까지 회사 일에 자신의 모든 것을 바쳤다.

그렇게 열심히 앞만 보며 달렸다. 그리고 어느덧 7년이란 시간이 흘렀고, 그는 성실함을 인정받아 중간 간부격인 영업부장 자리에 오르게 되었다. 그러는 동안 회사도 많은 변화를 겪었다. 광산업에서 사포와 회전 숫돌 등을 만드는 제조회사로 변화를 꾀한 것이다. 하지만 회사 사정은 갈수록 나빠졌다. 빚이 눈 덩어리처럼 불어났고, 급기야 직원들의 월급조차 주지 못하는 상황에 이르고 말았다.

점점 기우는 회사, 비전이라곤 전혀 없는 회사. 어느 누가 그런 곳에서 일하고 싶겠는가. 이에 직원들은 하나둘씩 회사를 떠나갔다. 그 역시 그런 생각을 하고 있었다. 하지만 자신의 젊음을 불태운 회사를 도저히 박차고 나갈 수 없었다. 무엇보다도 그동안 쏟았던 땀방울이 헛되이 되는 게 싫었다. 반드시 이곳에서 자신의 꿈을 이루고 밝은 미래를 열고 싶었다.

그는 회사를 다시 일으키려면 신제품 개발이 급선무라고 생각했다. 이에 회사 안에 신제품 개발을 위한 작은 공간을 마련해줄 것을 임원들에게 요구했고, 결국 이를 관철했다.

"회사 사정이 어렵다고 해서 신제품 개발까지 멈출 수는 없습니다. 전 여러분들이 멋진 제품을 만들어줄 것이라고 믿습니다. 뭐든지 필요하면 말씀만 하세요. 제가 최대한 돕겠습니다. 그리고 절대 조급하게 생각하지 말고 편안한 마음으로 신제품 개발에만 전념해주세요."

하지만 사장의 생각은 그와 달랐다.

"자네, 왜 그렇게 답답한가?"

"네, 그게 무슨 말씀이시죠?"

"회사 사정을 몰라서 그러나? 연구원들을 다그쳐서 하루라도 빨리 신제품을 뽑아내야지. 그렇게 느슨하게 대하면 어떻게 하나? 시간을 많이 준다고 해서 제대로 된 제품이 만들어지는 게 아니란 말일세. 직원들이란 감시하고, 독려하고, 재촉해야만 뭐든지 잘 만들어내는 법이야."

"지금 회사 사정이 어렵다는 건 저 역시 잘 알고 있습니다. 하지만 그렇다고 해서 연구원들을 너무 몰아세워선 안 됩니다. 저들은 우리 회사의 핵심입니다. 또 하루아침에 신제품이 나올 수 있는 게 아니잖습니까? 수많은 시행착오 끝에 하나의 제품이 완성되는 것입니다. 그러니 마음의 여유를 갖고 충분히 기다려야 합니다. 그래야만 연구원들도 더 훌륭한 제품을 만들 수 있을 것입니다."

그렇게 해서 그는 사장으로부터 연구원들을 보호하는 방패막이 역할을 자처하고 나섰다. 그리고 곧 그가 옳았다는 사실이 증명되었다. 연구원들이 꽤 괜찮은 제품을 만들어낸 것이다.

"부장님, 이 제품이면 시장에서 충분히 좋은 반응을 얻을 수 있을 것입니다. 이 모두가 부장님이 지원해주고 묵묵히 기다려준 덕분입니다."

연구원들이 만든 제품은 일명 '사포'라고 불리는 인조 연마제로 '쓰리엠 아이트(Three-M-Ite)'였다. 예상대로 제품은 불티나게 팔려나갔고, 회사를 일으켜 세우는 데 결정적인 역할을 했다. 이에 힘입어 그는 얼마 후 사장 자리에 오르게 되었다.

리더가 너무 강하면 직원들은 꿈과 재능을 마음껏 펼칠 수 없다

그는 부드러운 경영 방식을 고수하였다. '이끄는 사람이 너무 강하면 밑에 있는 사람들이 꿈과 재능을 마음껏 펼 수 없다'는 게 그의 신조였기 때문이다.

한 번은 이런 일이 있었다.

딕 드루라는 연구원이 있었다. 그는 차량 도색 작업에 필요한 마스킹테이프를 개발하고자 밤낮없이 제품 개발에 매달렸지만, 실패를 거듭했다. 하지만 결코 그 책임을 묻지 않았다. 그렇다고 계속 지원할 수도 없는 노릇이었다. 가능성 없는 일이라면 일찍 접고 다른 일을 시도하는 게 좋을 수도 있기 때문이다.

"딕, 난 자네의 능력을 믿지만, 이번 일은 좀 힘들 것 같네. 그러니 이 프로젝트는 여기서 이만 끝내고 연마제 생산에 집중하는 게 어떤가?"

하지만 그는 그 말에 수긍하지 않은 채 다시 실험실로 달려가 실험에 매달렸다. 이에 맥나이트는 자신의 말을 듣지 않는 딕이 다소 언짢았지만 그렇다고 해서 다른 불이익을 주지는 않았다. 오히려 마음속으로 그의 집념과 열정을 치켜세워주었다.

얼마 후 딕은 수많은 시행착오 끝에 마스킹테이프를 만들 수 있는 정확

한 재료 조합법을 알아냈다. 하지만 마지막 공정에 필요한 제기 기계를 살 돈이 없었다. 회사에서 연구비를 지원해주지 않았기 때문이다. 이에 그는 회사 돈을 편법으로 빼내어 제기 기계를 구매하였다.

맥나이트는 그 사실을 알고 처음에는 무척 화가 났다. 자신의 결재도 없이 자기 마음대로 기계를 구매했기 때문이다. 그러나 곧 마음을 추슬렀다.

'얼마나 확신이 있었으면 그렇게라도 해서 기계를 구매했을까. 한 번 더 믿고 기다려보자.'

이번에도 그는 딕에 대해 어떤 문책도 하지 않았다.

다행히 딕은 세계 최초로 마스킹테이프를 개발해내는 데 성공하였다. 그리고 곧이어 가정과 사무실에서 편하게 사용할 수 있는 스카치 테이프 까지 개발했다. 그로 인해 회사는 다시 한 번 도약할 수 있었고, 맥나이트 는 회장에 오르게 되었다.

어쩌면 맥나이트는 누구보다도 더 현명한 리더일지 모른다. 그는 회사보 다 자기 자신이 더 튀는 걸 원치 않았다. 또한, 직원들에게 자유를 줘 스스 로 무한한 가능성을 발휘할 수 있도록 분위기를 조성했으며, 직원들이 애 사심을 갖고 자긍심을 발휘할 수 있도록 도왔다. 그의 그런 경영 방식이 있 었기에 전 세계인의 필수품이 된 '포스트잇'이라는 제품 역시 탄생할 수 있 었다.

그는 경영에 대한 자신의 생각을 이렇게 밝힌 바 있다.

"직원들에게 창의력을 요구하기 전에 상당한 책임을 위임하는 게 필요 합니다. 물론 이때 경영자는 상당한 위험과 인내력을 감수해야 합니다. 또

한, 경영자라면 직원들을 믿고 기다릴 줄 알아야 합니다. 그러다 보면 직원들은 자신의 임무를 완수하게 되어 있으니까요. 설령, 그것이 실패하더라도 그게 옳은 길이었다고 격려해주는 것이 바로 경영자의 역할입니다. 실패의 위험성을 줄이기 위해 경영자가 직원들이 일하는 방식까지 참견하고 지시한다면 그 회사는 더는 발전할 수 없습니다."

"남의 뒤를 따라가는 것은 결코 전진하는 것이 아니다"

세계 최초의 뉴스 전문채널 〈CNN〉을 만들다 _ 테드 터너

불가능한 상상력을 현실로 만들다

미국에서 가장 많은 땅을 소유한 사람은 과연 누구일까. 바로 뉴스 전문채널 〈CNN〉의 창업자 테드 터너다. 미국의 부동산 잡지 〈더 랜드 리포트〉에 의하면, 그는 전 세계에 약 8,093km^2의 땅을 갖고 있다고 한다. 이는 서울 여의도 면적의 약 954배, 제주도의 4배에 이르는 것이다.

"왜 그렇게 땅에 욕심이 많으냐?"는 기자의 질문에, 그는 이렇게 말한 바 있다.

"영화 〈바람과 함께 사라지다〉에서 주인공의 아버지는 스칼렛 오하라에게 "세상에서 죽음을 각오하고 싸워서 지킬 가치가 있는 것은 오직 땅뿐이다"라고 했습니다. 저는 이 말에 전적으로 공감합니다. 땅만큼은 이 세상에서 유일하게 영원히 남아 있으니까요."

그는 어릴 때부터 옥외 광고회사를 운영하는 아버지 밑에서 일을 배웠다.

"터너, 이리 오너라."

한창 친구들과 어울려 뛰어놀 나이에 그는 아버지가 부르면 어쩔 수 없이 달려가야 했다. 그만큼 그의 아버지는 빈틈없고 무서운 사람이었다.

"터너, 이 사다리 좀 들고 따라오너라."

그는 사다리를 들고 조용히 아버지를 뒤따랐다.

"이 녀석아, 왜 이렇게 느려? 빨리빨리 와. 해 떨어지기 전에 끝내야 한단 말이야."

그는 종종걸음으로 아버지를 따라갔지만, 아버지의 빠른 걸음을 결코 따라잡을 수 없었다.

잠시 후 아버지는 이웃 동네에 있는 빵집 앞에서 걸음을 멈췄다.

"사다리 위에 올라가서 광고판을 달아야 하니까 사다리를 꽉 붙들고 있어야 한다. 알았지?"

아버지는 광고판을 들고 사다리 위로 올라갔다. 그런데 사다리가 그만 흔들거리기 시작했다. 이에 아버지는 벼락같이 화를 냈다.

"꽉 잡으라니까! 그렇게 대충 잡으면 어떻게 해! 뭐든지 좀 확실히 해."

그는 다시 고개를 숙인 채 사다리를 있는 힘껏 잡았다. 그러자 아버지는 땀을 뻘뻘 흘리며 건물 벽면에 광고판을 달기 시작했다.

"휴, 다 됐다. 이제 그만 돌아가자."

집으로 돌아오는 길에 아버지는 그의 머리를 쓰다듬으며 이렇게 말했다.

"지금은 일을 돕는 게 다소 힘들겠지만, 나중에 어른이 되면 이것이 큰 도움이 될 거다. 그러니 요령 피우지 말고 잘 배우렴."

그때부터 그는 방학이 되면 어른들처럼 주당 42시간씩 일을 하며 아버지로부터 다양한 일을 배웠다. 광고판 제작에서부터 페인트칠, 광고판 설치기술까지. 거기에서 그치지 않았다. 영업은 물론 수익을 창출하는 방법, 사무실을 구할 때 필요한 임대계약서 작성법까지 사업에 관한 모든 일을 배웠다. 아버지는 터너를 자신의 사업을 이을 후계자로 키우고 싶었던 것이다.

하지만 얼마 후 두 사람은 터너의 진로문제로 심한 갈등을 겪어야 했다. 그와 아버지의 불화가 시작된 것이다.

그는 진지한 표정으로 아버지를 향해 말했다.

"아버지, 저는 브라운대학에서 그리스어를 전공하고 싶어요."

그러자 그의 아버지는 어이가 없다는 듯 입을 벌린 채 한참 동안 그를 쳐다봤다.

"그게 지금 무슨 소리냐? 그리스어라니. 너 지금 제정신이냐?"

"전 이미 결정했어요."

성공을 최고의 가치로 삼는 그의 아버지는 당연히 그의 결정을 반대했다. 하지만 그 역시 결코 고집을 꺾지 않았다.

"저는 지금까지 아버지의 말을 단 한 번도 거역한 적이 없어요. 제가 6살 때 아버지는 저를 강하게 키우려고 신시내티 군사학교에 입학시켰어요. 또 9살 때는 조지아 군사학교에 입학시켰고, 그 후에는 맥 갈리 군사학교에 다녀야 했죠. 물론 군사학교에 다닌 것에 대해 아버지를 원망하지도 않고, 후회하지도 않아요. 규율이 심하긴 했지만 제 적성에 맞았기 때문이에요. 하지만 이제 저도 인생을 책임질 나이가 되었어요. 그러니 대학만큼은 제가 원하는 과에 가고 싶어요."

"안 된다. 무슨 일이 있어도 그건 절대로 안 돼!"

하지만 그는 아버지의 강한 반대에도 불구하고 결국 브라운대학 그리스어과에 입학했다. 그러자 그의 아버지는 섭섭하고 격분한 나머지 다음과 같은 편지를 그에게 보냈다.

사랑하는 아들, 터너에게

세상에 고전문학을 전공으로 선택하다니. 너의 선택에 어찌할 바를 모르겠구나. 나는 교육의 목적은 같은 가치관을 지닌 공동체를 발전시키고, 주변 사람들과 더불어 살아가는 법을 배우는 것이라고 생각한다. 또 그러는 과정에서 동기부여가 되고, 목표가 정해지며, 좋은 사람들을 만날 수 있다. 그런데 네가 그리스어를 택하다니. 나는 죽었다 깨어나도 널 이해할 수 없구나. 대체 그리스어로 누구랑 대화를 나누겠다는 게냐?

… (중략) …

아무리 생각해봐도 결국 넌 바보가 될 게 뻔하다. 그러니 당장 그런 끔찍한 환경에서 빠져나왔으면 한다. 그러나 네가 계속 그 길로 나가 그 세계에 발을 담그겠다면 나는 나대로 살 수밖에 없다.

넌 지금 원수들의 함정 속에 빠져 있다. 내가 널 왜 그곳으로 보냈는지, 심히 유감이구나.

하지만 아버지의 그런 완강함에도 불구하고, 그는 자기 뜻대로 그리스어 공부를 계속했다. 그리고 아버지를 상대로 저항하기 시작했다. 아버지가 보낸 편지를 대학신문 〈브라운 데일리 헤럴드〉에 익명으로 발표한 것이다. 이는 그리스어에 대해 모독한 아버지에 대한 경고이자, 자신의 인생은 자신의 것이라는 강력한 메시지이기도 했다.

그러나 얼마 후 그는 기숙사에 여자를 끌어들였다는 이유로 퇴학을 당하고 말았다. 이에 할 수 없이 아버지 곁으로 다시 돌아올 수밖에 없었다.

그는 자신에게 여러모로 실망했을 아버지에게 자신이 능력 있는 사람이라는 걸 증명하기 위해 열심히 일하면서 회사 발전에 이바지할 좋은 아이디어를 자주 냈다. 그러나 24살이 되던 1962년, 다시 한 번 아버지와 충돌하게 되었다. 아버지가 경쟁사를 인수하기 위해 회사 돈이며, 개인 재산까지 모두 다 쏟아부었기 때문이다.

"아버지, 이건 아니에요. 굳이 이렇게까지 하지 않아도 돼요. 왜 이렇게 무리하세요?"

"넌 상관하지 마라. 지금이 아니면 안 돼."

그렇게 해서 그의 아버지는 경쟁사를 인수하는 데 성공했다. 하지만 엄청난 빚 때문에 회사의 운명이 위태로운 지경에 이르고 말았다. 이에 얼마 후 그의 아버지는 유언장을 남긴 채 자살을 택하고 말았다.

아버지의 죽음은 그에게 엄청난 충격이자 시련이었다. 그런데 그를 더 가슴 아프게 한 건 아버지의 유언장이었다. 아버지는 그에게 회사를 맡기는 대신 회사를 매각할 조치를 해놓았던 것이다.

'이럴 순 없어! 아버지는 날 믿지 못하겠지만 난 나 자신을 믿어! 이대로 회사를 다른 사람에게 넘길 수는 없어!'

그는 아버지의 유언장에 반기를 들었다. 그리고 사람들 앞에서 회사를 절대 뺏기지 않겠다고 선언했다.

"저희 아버지는 원래부터 우울증이 심했고 망상증이 있었습니다.

그러니 이 유언장은 무효입니다. 저는 절대로 이 회사를 그 누구에게
도 넘기지 않을 겁니다.'

그의 강한 의지는 결국 사람들의 마음을 사로잡았다. 그 결과, 은행
으로부터 대출을 받아 기울어가는 회사를 다시 일으켜 세울 수 있
었다.

"포기한 자들은 결코 승리할 수 없다"

회사가 어느 정도 안정권에 들어서자, 그는 방송 미디어 방면으로
사업을 확장했다. 이에 〈애틀랜타 방송국〉을 인수했다. 그리고 새로운
도전을 준비했다. 당시만 해도 방송사들은 드라마나 오락, 스포츠에만
치중했다. 그러다 보니 사람들로부터 '바보상자'라는 악평을 들어야 했
다. 그 역시 그런 비판에 반박하지 않았다. 그 역시 그렇게 생각하고 있
었기 때문이다.

어느 날, 그는 임원들에게 세계 최초로 24시간 뉴스 전문채널을 출
범시키겠다고 선언했다. 그러자 임원들이 거세게 반발하고 나섰다.

"24시간 뉴스 전문채널이라고요? 안 됩니다. 상품성이 전혀 없습니
다. 그럴 바에 차라리 오락 프로그램을 몇 개 더 만드는 게 낫습니다."

그러나 그는 고개를 내저었다.

"제 생각은 다릅니다. 지금 당장은 어렵겠지만 분명 사람들이 뉴스

에 매료될 날이 올 것입니다. 사람들은 세상에서 일어나는 일들에 대해서 매우 궁금해하고 관심도 많습니다. 따라서 언젠가는 분명 뉴스 채널이 최고의 프로그램이 될 것입니다. 저를 믿어주세요."

하지만 임원들은 여전히 고개를 가웃거렸다. 그렇다고 포기할 그가 아니었다.

결국, 그는 1980년 세계 최초로 24시간 뉴스 전문채널인 〈CNN〉을 만들었다. 그러나 개국 첫해 엄청난 적자를 기록하고 말았다. 이에 임원들은 다시 한 번 그에게 뉴스 채널을 포기할 것을 종용했다.

"사장님, 지금이라도 뉴스 채널을 접는 게 좋을 것 같습니다. 이대로라면 몇 년도 못 가서 다 끝장날 것입니다."

"여기서 포기할 것이라면 아예 시작도 하지 않았습니다. 그것보다는 해외 특파원 숫자를 더 늘려야겠습니다. 발 빠른 현장성을 확보한다면 분명 승산이 있습니다."

결국, 그의 판단은 옳았다.

〈CNN〉은 1989년 중국 민주화 운동의 상징인 천안문 사태는 물론 제2차 세계대전 후 냉전체제 아래서 연합국에 의해 강제로 분단되어 있던 동독과 서독이 하나의 독일로 통합되는 모습 및 1991년 걸프전 전황 등을 현장에서 실시간으로 생생하게 보도하는 데 성공했다. 당시만 해도 역사적인 사건들을 생방송으로 본다는 건 가히 획기적인 사건이었다. 이에 사람들은 〈CNN〉에 열광했고, 그 결과 〈CNN〉은 엄청난 광고 수익을 올릴 수 있었다. 이는 모두가 반대했지만 강한 그의 신념이 만들어낸 결과였다.

그는 한 언론과의 인터뷰에서 자신의 생각과 신념에 대해서 이렇게 말한 바 있다.

"무슨 일이건 절대 포기해서는 안 됩니다. 승자라면 절대 포기하지 않는 법입니다. 또한 포기한 자들은 결코 승리할 수 없습니다. 정신은 또 다른 근력이기 때문입니다. 이에 저는 어떤 일이 있더라도 결코 방송을 중단하지 않을 것입니다. 설령, 내일 지구가 멸망한다고 해도 그 현장을 직접 취재하고 보도할 것입니다. 또한 저는 앞으로도 제가 하고자 하는 일이 마음속에서 강한 신념으로 굳어진다면 세상사람 모두가 반대해도 반드시 그 일을 해내고야 말 것입니다."

한 가지의 길만으로도 목적지에 이르기는 충분하다.

한쪽 길을 반쯤 가다가 그만두고,

다른 길로 반쯤 가다가 그만두고 하는 행위는

아무런 진전도 보장할 수 없다.

하지만 어떤 길이 그대에게 맞지 않을 때는

그것을 과감하게 바꿀 수 있는 용기 또한 필요하다.

_ 바바 하리 다스

생각은 행동을 낳고, 행동은 변화를 낳는다

● 14 ●

한국 출판 역사상 최단 기간에 가장 많이 팔린 책이 있다. 출간된 지 7개월 만에 무려 100만 부가 넘게 팔렸다. 호주 출신의 TV 제작자 론다 번이 쓴 《시크릿》이 바로 그 책이다.

《시크릿》은 '오프라 윈프리 쇼'에 소개되면서 초대형 베스트셀러가 되었다. 책의 부제는 다음과 같다. '수 세기 동안 단 1%만이 알았던 부와 성공의 비밀.'

그런데 막상 그 뚜껑을 열어보면 그 비밀이라는 것이 그리 대단한 게 아니다. 이미 우리가 알고 있는 것이 대부분이기 때문이다. 바로 '간절히 원하면 이루어진다'는 '끌어당김의 법칙'이 바로 그것이다. 긍정적인 생각을 하면 다가올 미래는 긍정적으로 펼쳐지고 부정적이고 절망적인 생각으로 가득 차 있다면 좋지 않은 상황이 닥친다는 것이다. 즉, 생각의 차이가 미래를 바꾼다는 것이다.

이미 알고 있는 당연한 말인데도 불구하고, 책이 그렇게 많이 팔린 이유는 과연 뭘까. 그건 바로 성공을 꿈꾸는 사람들이 그만큼 많다는 증거이며, 책에서 말하는 것이 변치 않는 진리라는 것이다.

그렇다. 진리의 힘은 세고 오래 가며 쉽게 변하지 않는다. 모든 것은 마음먹기에 달렸고 생각하기 나름이다. 이 명제에 딴죽을 걸 사람은 거의 없다. 그렇다면 생각한다는 것만으로도 변화가 일어날 수 있기는 한 것일까.

'플라세보 효과'라는 것이 있다. 이는 약효가 전혀 없는 가짜 약을 진짜 약으로 속이고 환자에게 복용하도록 했을 때 환자의 병세가 호전되는 것을 말한다. 이를 통해 우리는 생각만으로도 충분히 긍정적인 변화를 일으킬 수 있음을 알 수 있다.

간절히 원하면 이루어진다

우리의 뇌는 의지보다 뛰어나지 않다. 힘든 상황 속에서도 강한 의지를 갖고 긍정의 이미지를 떠올리면 뇌 역시 거기에 맞춰 생각하게 된다. 다시 말해서 뇌는 실제의 행동과 생각의 이미지를 구분하지 못한다. 따라서 긍정의 이미지만으로도 충분히 좋은 결과를 얻어낼 수 있다.

일본에서 이미지 트레이닝 연구의 개척자로 불리는 니시다 후미오 박사는 성공한 사람들과의 수많은 인터뷰 및 여러 실험을 통해 생각의 힘의 중요성에 대해서 강조한 바 있다.

"당신이 평소에 불평불만과 험담을 늘어놓는다면 당신 앞에는 불평불만과 인간관계의 실패가 펼쳐질 것이다. 미래를 창조하는 것은 단순한 노력이나 성실이 아니라 예감이다. 좋은 예감은 좋은 결과를 만든다. 반대로 불길한 예감을 떠올리면 그 불길한 예감은 현실로 나타나고 만다."

당신이 지금 이루고 싶은 것이 있다면 그것을 이룬 후 환희에 찬 당신의 모습을 상상해보라. 혹시 탄력 있고 근육질의 몸매를 원하는가? 그렇다면 그런 몸을 가진 사람의 몸에 당신의 얼굴을 교차시켜봐라. 그 생각을 놓치지 않고 매일 떠올린다면 분명 당신은 머지않아 멋진 초콜릿 복근의 소유자가 될 것이다.

생각이 넘치면 행동을 낳고, 행동은 변화를 낳는다.

성공을 꿈꾸는가? 그렇다면 당신이 다니는 회사의 CEO를 떠올려보라. 5년 후, 아니 10년 후 그 자리에 당신이 앉아 있을 것이라는 강한 신념을 갖고 여러 명의 직원을 모아놓고 회의를 주재하는 이미지를 상상하라. 그러면 분명 그렇게 될 것이다. 그러나 중요한 생각이 탄력을 받아 실현되기 위해서는 액션이 필요하다. 다시 말해서 당신이 꿈꾸는 이미지를 이루기 위해서는 충분한 노력이 수반되어야 하는 것이다.

피터 콜웰은 그의 저서 《성공 주문을 걸어라》에서 성공을 이루기 위한 실천 방안으로 다음과 같은 내용을 강조했다.

- Strive(노력) : 값진 땀으로 한 걸음씩 전진하라.

- Understand(파악) : 자신의 능력과 한계를 알아라.

- Create(창조) : 남과 다른 생각을 하라.

- Envision(상상) : 상상하는 순간 행동으로 옮겨라.

- Savor(음미) : 목표에 도달하는 과정을 즐겨라.

- Soar(비상) : 오늘보다 더 나은 내일을 향해 날아라.

누구에게나 충분한 능력이 있고 기회가 있다. 그것을 받아들이고 꿈을 이루기 위해 노력한다면 누구나 자신이 꿈꾸는 목적지에 도달할 수 있고 완전한 삶을 살 수 있을 것이다. 이에 대해 영국의 추리작가 코넌 도일은 이렇게 말한 바 있다.

"가장 좋은 것은 조금씩 찾아온다. 작은 구멍에서도 햇빛을 볼 수 있다. 사람들은 산에 걸려 넘어지지 않는다. 그들은 조약돌에 걸려 넘어진다. 작은 것들이 곧 중요한 것이다."

"어떤 시련도 확실한 꿈 앞에서는 힘을 쓰지 못한다"

휴대폰 판매원에서 기적의 오디션의 주인공이 되다 _ 폴 포츠

전 세계에 감동을 선사하다

2007년 6월 17일, 영국 지상파 방송 〈ITV 1〉이 주최한 일반인 대상 노래경연대회의 예선 심사장에서 있었던 일이다.

뚱뚱한 데다 앞니까지 부러진 촌스러운 남자가 등장했다. 누가 보더라도 대회 분위기와는 도저히 맞지 않는 얼굴과 차림새였다. 이에 관객들과 심사위원들은 모두 억지로 웃음을 참았다. 그러자 그 역시 긴장하는 기색이 역력했다.

"어떤 노래를 준비하셨나요?"

한참 후 여자 심사위원 한 명이 그를 향해 물었다.

"오, 오, 오페라를 준비했습니다."

그가 떨리는 목소리로 대답했다.

그러자 독설로 유명한 심사위원 사이먼 코웰과 아만다는 심드렁한 표정을 지으며 팔짱을 낀 채 의자에 몸을 기댔다.

'네까짓 게 무슨 오페라냐? 어디 한 번 해볼 테면 해보라'는 식이었다.

관객들 또한 비슷한 반응이었다.

그런데 잠시 후 놀라운 일이 벌어졌다. 그가 푸치니의 오페라 〈투란도트〉 중 '공주는 잠 못 이루고'를 부르기 시작하자 객석이 갑자기 술렁이기 시작한 것이다.

부드러우면서도 폭발적인 고음에 사람들은 모두 숨을 죽였다. 심사위원들 역시 마찬가지였다. 잔뜩 찌푸렸던 표정은 감동과 경이로움으로 가득 찬 표정으로 변했다. 그리고 클라이맥스에 이르자 입을 다물지 못했다. 급기야 관객들은 모두 자리에서 일어나 그에게 박수를 보냈다.

그렇게 해서 그의 노래가 끝이 났다. 그러자 이제까지 모든 출연자에게 독설을 날렸던 사이먼이 흥분된 말투로 말했다.

"정말 휴대폰 판매원이 맞습니까?"

"그렇습니다, 저는 휴대폰을 팔고 있습니다."

그가 가볍게 응대했다.

또 다른 심사위원인 피어스 모건 역시 흥분을 감추지 못한 채 말했다.

"우리는 지금 막 세상을 깜짝 놀라게 할 보석을 하나 찾았습니다. 그건 바로 당신입니다."

그렇게 해서 그는 모든 사람의 예상을 깨고 이날 대상을 받았다. 어린 시절부터 꿈꿔왔던 꿈을 마침내 이루는 순간이었다.

이 장면을 담은 동영상은 곧 인터넷을 통해 전 세계로 퍼져나가며 수많은 사람을 감동하게 했다. 9일 만에 무려 천만 명 이상이 동영상을 내려받았으며, 그의 음반 역시 공전의 히트를 기록했다. 그 결과, 그는 영국뿐만 아니라 세계적으로 유명한 최고의 오페라 가수가 되었다. 남자의 이름은 폴 포츠였다. 그가 우승을 차지하자 그의 드라마틱한 인생 역시 곧 전파를 탔다.

갖은 시련 속에서도 꿈을 좇다

그는 영국 웨일스 출신으로 어눌한 말투와 못생긴 외모 탓에 어렸을 때부터 친구들 사이에서 놀림감이 되곤 했다. 거기에다 뚱뚱하고, 입술이 두꺼웠으며, 행동마저 느렸다.

"야, 너는 얼굴이 왜 그 모양이냐?"

"너는 얼굴도 못생겼으면 말이라도 잘해야지. 너랑 말하려면 답답해 죽겠어!"

친구들로부터 이런 놀림을 받은 날이면 그는 정말이지 죽고만 싶었다. 친구도 싫고, 학교도 싫었으며, 밥 먹는 것도 싫었다. 세상 모든 것이 다 싫었다.

이에 가끔 엄마에게 하소연하곤 했다.

"엄마, 도대체 나는 왜 이렇게 생긴 거야? 말투도 그렇고, 얼굴도 그렇고, 행동도 그렇고, 다른 아이들보다 나은 게 하나도 없잖아. 정말 나는 내가 왜 태어났는지 모르겠어!"

그리고 마침내 참았던 울음을 터트리고야 말았다.

엄마는 눈물을 흘리는 아들이 너무 안쓰러웠다. 이에 슬며시 다가가 살포시 안아주며 이렇게 말했다.

"폴, 너는 누가 뭐라고 해도 대단한 아이야. 다른 사람에 없는 것이 분명 있을 거야. 혹시 알고 있니? 엄마는 네가 노래를 부를 때 참으로 행복하단다. 네 목소리는 이 세상 누구보다도 우렁차고 아름답거든."

사실 그는 다른 아이들에 비해 내세울 만한 게 전혀 없었다. 그러나 단 한 가지, 목소리만큼은 타고났었다. 그의 목소리는 마치 깊은 겨울밤에 내리는 하얀 눈처럼 맑고 투명하며 포근한 느낌을 줬다. 만일 천사가 있어서 노래한다면 그와 같았을 것이다.

엄마의 말에 그는 용기를 얻었다. 그리고 마음 깊은 곳에 작은 꿈을 품게 되었다.

'그래, 난 최고의 오페라 가수가 될 거야. 그래서 세상 사람들 모두가

내 노래에 귀를 기울이게 할 거야.'

그때부터 그는 매일 노래 연습을 멈추지 않았다. 성가대에 나가 노래를 부르기도 했으며, 학교 수업이 끝난 후 집으로 돌아오는 길에도 노래연습을 했다. 또 버스 정류장에서 아빠를 기다리는 동안에도 노래를 불렀다. 그렇게 밤낮을 가리지 않고 눈만 뜨면 노래했다. 하지만 오디션을 볼 때마다 떨어졌다.

성인이 된 후에는 악성 종양이 생기고, 교통사고로 빚더미 위에 앉기도 했다. 쇄골 골절로 다시는 노래를 할 수 없을지도 모른다는 진단을 받기도 했다. 그럼에도 불구하고, 그는 결코 꿈을 포기하지 않았다.

훗날 그는 그 시절을 이렇게 회상한 바 있다.

"그래도 희망을 버릴 수 없었습니다. 휴대폰을 팔면서도, 할인점 진열대에서 밤샘 근무를 하면서도 오페라 학원에 다녔어요. 또 빚을 내이탈리아에 있는 3개월짜리 오페라 서머스쿨에 등록한 적도 있습니다. 한 번은 루치아노 파바로티 앞에서 노래할 기회가 있었는데, 제 인생 최고의 순간이었지요."

희망의 아이콘이 되다

결국 그는 36살에 꿈을 이루었다. 상금과 더불어 18억 원에 음반 계약을 하게 된 그는 첫 소감을 이렇게 밝혔다.

"이제 이 비뚤비뚤한 치아를 고칠 수 있게 되었습니다."

훌륭한 외모를 가진 것도 아니고, 일류 음악대학 나온 것도 아니었지만, 인생의 어둠을 여러 차례 겪어본 그였기에 사람들에게 감동을 주기에는 충분했다.

이렇듯 그는 어떤 시련도 확실한 꿈 앞에서는 힘을 쓰지 못한다는 것을 직접 증명해 보였다.

가진 것 없고 자신감 또한 없었던 폴 포츠. 그는 자신의 삶에 수많은 우여곡절이 있었다고 말한다. 하지만 그런 어려운 시간이 있었기에 지금의 자리에 더욱 단단한 모습으로 설 수 있었던 건 아닐까.

"사람들 대부분은 삶의 역경을 부정적으로만 바라봅니다. 하지만 저는 오히려 그런 순간들로 인해 제가 보다 완성된 인간이 되었다고 생각합니다. 저는 아직도 미래에 대해 큰 기대를 하지 않습니다. 단지 하루하루 최선을 다하면서 살아가려고 하죠. 목표하는 바를 달성하기 위해서는 자신의 역량이 무엇인지 파악해서 꾸준히 노력하는 게 중요합니다. 그렇게 하면 모두가 삶의 기적을 찾을 수 있을 것입니다."

앞으로 20년 후, 당신은

당신이 했던 일보다 하지 않았던 일을

더 후회할 것이다.

그러니 배를 묶어둔 밧줄을 당장 풀어라.

그리고 안전한 항구를 떠나라,

무역풍을 타고 항해하라,

탐험하라, 꿈꾸라, 발견하라.

_마크 트웨인

마음먹은 순간, 즉시 시작하라

● 15 ●

문명이 발달함에 따라 그동안 생활에 편리함을 주는 제품들이 많이 쏟아져 나왔다. 빨래를 대신해주는 세탁기, 청소를 도와주는 스팀 청소기와 진공청소기, 업무 처리를 도와주는 컴퓨터와 각종 기계, 음식을 상하지 않고 시원하게 보관해주는 냉장고 등등.

지금 이 순간에도 인간의 뇌는 끊임없이 새로운 제품을 구상하고 생산해내고 있다. 그러나 그것이 결코 좋은 것만은 아니다.

인간의 땀과 노력을 대신할 수 있는 기계들이 속속들이 등장함에 따라 인간은 편리함이라는 달콤한 유혹에 젖어 점점 게을러지고 나태하게 변하게 되었다. 자동차가 없었던 시절을 생각해보라. 아무리 먼 거리라도 튼튼한 두 다리로 걷고 뛰어서 목적지에 도착했다. 그러나 지금은 어떤가. 자동차 없이는 한 발자국도 움직이려고 하지 않는 사람들이 수두룩하다. TV

리모컨 역시 마찬가지다. 리모컨이 없던 시절에는 프로그램 채널을 바꾸기 위해서 일어났다 앉기를 수십 번도 더 했다. 그러나 지금은 버튼 하나만 누르면 모든 것이 가능해졌다. 그 때문에 소파나 침대에 누워 있는 시간은 점점 늘어났다. 당연히 운동량이 줄어들었을 뿐만 아니라 점점 게으름뱅이 모드로 변하게 되었다.

헬레나 노르베리 호지의 저서 《오래된 미래》란 책에 다음과 같은 내용이 나온다.

"마르카 계곡에서 온 한 친구가 한 말이 모든 것을 요약하고 있다. "나는 이해할 수가 없어요. 수도에서 사는 내 언니는 일을 더 빨리해주는 온갖 것을 가지고 있어요. 옷은 상점에서 사기만 하면 되고, 지프, 전화, 가스 조리기구 등을 가지고 있어요. 이 모든 것이 그토록 시간을 절약해주는데도 언니를 만나러 가면 나하고 이야기할 시간도 없대요." 변하고 있는 라다크가 내게 가르쳐준 가장 충격적인 교훈 중의 하나는 현대 세계의 도구와 기계들이 그 자체는 시간을 절약하는 것들이지만, 새로운 삶의 방식이 전체적으로 시간을 빼앗아 간다는 것이다."

그렇다. 도구나 기계는 인간의 가치를 높이는 수단이 되어야지 게으름을 배가시켜주는 독이 되어서는 안 된다.

게으른 사람치고 성공한 사람을 보았는가. 게으른 사람은 결코 성공이라는 땅을 밟을 수 없다. 설령, 밟더라도 결국은 또다시 나락으로 떨어지게 된다.

게으른 사람치고 성공한 사람은 없다

평생 멈추지 않고 앞만 보며 열심히 살아왔던 벤저민 프랭클린은 '게으름'에 대해서 이렇게 정의한 바 있다.

"게으름은 쇠붙이의 녹과 같고, 노동보다도 더 심신을 소모하는 성공의 최대 적이다."

남들에게 인정받고 사회나 회사에 쓸모 있는 사람이 되기 위해서는 일단 부지런해야 한다. 게으름을 인정해주고 그에게 설 자리를 내주는 사람은 결코 없다. 따라서 게으름은 퇴출 1호 대상이다. 또 게으른 사람은 무조건 미루는 경향이 있다. 여름에는 덥다고 움직이려 하지 않고, 겨울에는 춥다며 꼼짝하지 않는다.

게으름도 습관이다. 그것이 몸에 배게 되면 대책이 없다. 제아무리 뛰어난 능력이나 재력을 갖고 있다고 해도 자신에게 주어진 일을 미루고 피한다면 스스로 무덤을 파는 것과 같다.

성공을 간절히 바라는가. 오늘보다 더 나은 내일을 꿈꾸는가. 그렇다면 그 첫걸음은 바로 게으름에서 벗어나는 것이다. 마음속 깊이 찌든 게으름이라는 찌꺼기를 털어내야만 성공이라는 땅을 밟을 수 있다.

다음은 게으름에서 벗어날 수 있는 3가지 방법이다.

생각한 순간, 행동하라

'반드시 해야겠다'고 생각했다면 즉시 그 자리에서 행동으로 옮겨라. 멈추는 순간, 게으름의 독이 퍼지기 시작한다. 한 번 미룬 일은 시간이 지나면 지날수록 더 귀찮아진다. 게으름은 마음을 병들게 하고 움직임을 무디게 한다. 그러니 생각한 순간, 행동해야 한다. 일단, 시작하고 나면 아무리 두렵고 귀찮은 일이라도 곧 익숙해지고 뜻밖에 쉽게 일이 풀린다는 것을 알 수 있다.

자극을 줄 수 있는 경쟁상대를 만들어라

게으름이 지속하는 이유는 자극이 없기 때문이다. 이럴 때는 자극을 줄 수 있는 경쟁상대, 즉 라이벌이 필요하다. 생각해보라. 라이벌은 하루가 다르게 발전하는데 나는 언제까지 그 자리에 머물러 있다면, 그것만큼 힘든 일이 또 있겠는가. 이처럼 우리의 생활을 변화시킬 수 있는 자극요소는 많으면 많을수록 좋다.

에너지가 넘치면 도전정신도 충만해진다

'돈을 잃으면 조금 손해 보는 것이고, 신용을 잃으면 많이 손해 보는 것이며, 건강을 잃으면 모든 것을 잃는 것이다'라는 말이 있다. 그렇다. 건강은 생활의 기본이다. 몸이 아프면 마음마저 병들게 되고 모든 일에 의욕이 없어지기 때문이다. 나아가 병든 몸으로는 일을 제대로 할 수 없다. 아프면 일이 귀찮아지고, 짜증이 나며, 게을러지기 마련이다. 따라서 평소 꾸준한 운동으로 몸을 가꿔야 한다. 에너지가 넘치면 도전정신 역시 충만하게 된다.

"하고 싶은 일이 있다면 주저하지 말고 시작하라"

소설가를 꿈꾼 칠순의 신발장이 _ 필 나이트

백발의 소설가 지망생

싱그러운 기운과 젊음의 생기가 가득한 스탠퍼드대 캠퍼스의 어느 봄날. 검은색 재킷에 선글라스, 그리고 나이키 운동화를 신은 노년의 신사가 한 명 나타났다.

그는 영문과가 있는 건물을 향해 터벅터벅 걸어갔다. 학생들은 힐끔힐끔 그를 쳐다보더니 이내 구부정하게 고개를 숙이며 인사를 건넸다.

"안녕하세요."

"아, 예."

남자도 고개를 살짝 숙여 답례했다. 하지만 뭔가 이상하다는 생각이 들었다.

'누구지, 혹시 나를 아나? 참 이상한 일이군. 이 학교에서 나를 알아

볼 사람이라곤 없을 텐데 말이야.'

　그러나 잠시 후 남자는 피식 웃음을 터트렸다.

　'하하하, 나를 교수로 착각한 거야. 그럴 만도 하지.'

　남자는 웃음을 머금은 채 서둘러 강의실 안으로 들어갔다. 그러자 신나게 수다를 떨고 있던 학생들이 곧 입을 다물었다. 그리고 잠시 후 학생 중 한 명이 벌떡 일어나 인사를 건넸다.

　"교수님, 안녕하세요."

　"교수? 교수라니…."

　남자는 두 눈이 휘둥그레졌다. 사실 남자는 초급 작문 수업을 듣기 위해 온 것이었다. 하지만 학생들이 착각할 만도 했다. 나이 지긋한 사람이 강의실에 들어온 이상 누가 그를 학생이라고 생각하겠는가.

　잠시 후 진짜 교수가 나타났다.

　교수는 남자에게 자신에 대해서 소개를 하라고 했다. 그러자 남자는 머리를 긁적이며 일어나 이렇게 말했다.

　"저는 나이가 꽤 많습니다. 내일모레면 일흔입니다. 현재 오리건 주에 살고 있으며, 작년에 회사를 그만두었습니다. 늦었지만 소설을 쓰고 싶어서 이곳에 나오게 되었습니다. 잘 부탁드립니다."

　학생들은 박수로 남자를 환영해주었다.

　그 남자는 바로 〈나이키〉 창업자 '필 나이트'로 이미 스탠퍼드대 경영대학원을 졸업했었다. 그러다 보니 교수로 출강해도 전혀 손색이 없을 정도로 수준 높은 지식과 삶의 노하우를 갖고 있다. 그런데도, 학생 신분으로 다시 돌아온 이유는 '소설을 쓰고 싶다'는 간절한 바람 때문이었다.

그는 예전부터 소설을 쓰고 싶었다. 이에 일하는 중간중간 짬을 내 소설책을 읽기도 했으며, 남몰래 습작하기도 했다. 그러나 기초가 부족하다는 사실을 알게 되었고, 이에 적지 않은 나이임에도 불구하고, 다시 학생으로 돌아온 것이었다. 손자뻘의 학생들과 함께한다는 것이 창피할 수도 있었다. 하지만 그는 전혀 망설이지 않았다. 주저하지 않고 다시 시작했다. 그리고 사전에 교수에게 자신의 신분을 학생들에게 말하지 말아 달라고 부탁했다. 이에 몇 달 동안은 신분을 속일 수 있었다. 하지만 꼬리가 길면 밟히는 법. 얼마 되지 않아 모든 학생이 그가 누구인지 알게 되었다. 그러자 학생들은 "〈나이키〉 회장은 역시 다르다"며 감탄과 존경의 눈빛을 보냈다. 그렇다고 해서 그의 생활이 바뀐 것은 아니었다.

그는 교수가 내준 과제를 꼬박꼬박 해냈고, 학생들과의 토론에도 적극적으로 참여하였다. 그만큼 새로운 꿈에 대한 열정과 도전의식으로 가득했다.

다짐과 행동 사이의 간격은 좁을수록 좋다

그는 한 번 해야겠다고 마음먹으면 주저하지 않고 바로 행동으로 옮기는 사람이었다. 만약 그에게 그런 '두려움 없는 시도'가 없었다면 아마 〈나이키〉는 탄생하지 못했을 것이다.

어린 시절부터 그는 유독 운동을 좋아했다. 특히 육상에 뛰어난 재능을 보였다. 이에 학창시절에는 중거리 육상선수로 맹활약했으며 대회에 나가 좋은 성적을 거두기도 했다. 그 후 스탠퍼드대 경영대학원을 마치고 회계사로 일했지만 큰 보람을 느낄 수 없었다.

그러던 어느 날, 그는 중대한 결심을 했다. 바로 신발 사업을 시작하기로 한 것이다. 먼저 그는 몇몇 친구에게 자신의 포부를 밝혔다. 그러자 모두 어이없다는 반응을 보였다.

"뭐, 너 지금 제정신이야? 신발 사업을 한다는 것도 우스운데 〈아디다스〉를 이기겠다고? 너도 알다시피, 〈아디다스〉는 세계 최고 브랜드야. 그런데 무슨 수로 이기겠다는 거야?"

자신이 생각해도 가당치 않은 포부였다. 하지만 그는 일단 시작하기로 했다. 다짐과 행동 사이의 간격이 넓으면 아무것도 얻을 수 없다는 사실을 잘 알고 있었기 때문이다.

일단, 사업을 함께할 파트너가 필요했다. 수소문 끝에 그가 찾아낸 파트너는 학창시절 자신을 지도했던 빌 보어만 육상코치였다.

"코치님, 우리 한 번 해봐요. 우리가 달려봐서 알지만 신발이 얼마나 불편해요. 몇 미터만 달려도 뒤꿈치가 다 까져 피가 나고 쿠션도 형편없어서 오랜 시간 달릴 수도 없잖아요."

"그래, 우리 아주 멋진 신발을 만들어보자꾸나."

두 사람은 500달러의 자본금으로 〈블루리본 스포츠〉라는 회사를 설립하였다. 신발을 자체적으로 생산할 여력이 없었기에 일단 판매부터 시작하기로 한 것이다. 다행히 그는 일본 운동화 제조업체인 〈오니츠카〉로부터 미국 내 독점 판매권을 따낼 수 있었다. 그렇게 해서 주말마다 신발을 트럭에 가득 싣고 전국 각지를 돌아다니며 고등학교, 대학교 육상팀 선수들을 상대로 신발을 팔기도 하고, 각 지역의 신발업자들을 찾아가 영업을 하기도 했다. 그러나 생각만큼 실적이 좋지 않았다.

"코치님, 이대로는 안 되겠어요. 우리도 자체 브랜드를 만들어야겠어요."

"필, 과연 우리가 할 수 있을까?"

"해야죠, 아니 해내야죠. 코치님이 늘 말씀하셨잖아요. 주저하지 말고 앞을 향해 달리라고요."

그때부터 그는 더욱 가볍고 쿠션감이 좋은 멋진 신발을 만들기 위해 몇 달 동안 고군분투했다. 그리고 수백 번의 시행착오 끝에 마침내 신발의 무게를 줄이고 쿠션감이 좋은 런닝화를 만드는 데 성공하였다. 그것이 바로 〈나이키〉이다. 하지만 첫해에는 고작 1,000여 켤레를 파는 데 그쳤다. 그러나 절대 실망하지 않았다. 점점 수요가 늘어날 것이라 확신하고 제품 개발에 더 많은 공을 들였다. 그의 예상대로 판매는 점점 더 좋아졌다.

"코치님, 광고를 해야겠어요."

"뭐 좋은 생각이라도 있니?"

"농구 스타 마이클 조던을 광고모델로 기용하는 거예요. 그리고 그의 이름을 단 제품을 만드는 겁니다."

"정말? 과연 네 생각대로 잘 될까?"

"일단, 한 번 해봐요."

그렇게 해서 탄생한 것이 바로 〈나이키〉 최고의 히트작 '에어조던'이다.

어느 날, 농구장을 찾은 그는 마이클 조던을 찾아갔다.

"마이클, 우리 회사에서 만든 '에어조던'을 신고 경기를 뛰어주세요."

"좋아요, 하지만 문제가 있습니다."

"뭐죠?"

"농구 규정상 이 신발은 규칙에 어긋납니다. 협회에서 통일된 색깔의 농구화만 허용하고 있거든요. 그 규정을 어기면 엄청난 벌금을 내

야합니다."

"그건 걱정하지 마세요. 우리 회사에서 모두 책임지겠습니다."

그렇게 해서 마이클 조던은 검정과 빨간색이 섞인 '에어조던' 농구화를 신고 경기에 임했다. 그러나 경기마다 5,000달러의 벌금을 물어야 했고, 필은 그 돈을 대신 냈다. 벌금으로 지불한 돈보다 훨씬 더 큰 광고 효과를 얻을 수 있었기 때문이다.

그렇게 해서 〈나이키〉는 미국 문화의 아이콘이 되었다. 나아가 도저히 이길 수 없을 것 같았던 〈아디다스〉를 뛰어넘어 세계 최고의 신발 브랜드로 성장할 수 있었다.

"주저하지 말고 시작하라"

필 나이트! 그의 인생 역시 다른 사람들과 마찬가지로 탄탄대로만 있었던 것은 아니다. 좌절과 절망의 시간이 수시로 그를 찾아왔다. 하지만 그는 그것에 절대 굴하지 않았다. 한 번 계획했으면 멈추지 않고 계속 달렸다. '일단 한 번 해봐(Just do it!)'라는 나이키 광고 카피처럼 살아온 것이다.

2007년 〈포브스〉지가 선정한 미국 최고 부자 명단에 이름을 올렸던 그는 남부러울 것 없어 보이는 백만장자이지만 여전히 꿈을 꾸며 살고 있다. 어쩌면 오늘도 그는 지구 어느 한 모퉁이에서 새로운 꿈인 소설가로서의 삶을 꿈꾸며 쉬지 않고 달리고 있을 것이다.

그는 사람들에게 이렇게 말한다.

"제게도 여전히 이루고 싶은 꿈이 있습니다."

슬로우 스타터

초판 1쇄 인쇄 2015년 8월 10일
초판 2쇄 발행 2016년 6월 13일

지은이 김이율
발행인 임채성
디자인 산타클로스

펴낸곳 도서출판 루이앤휴잇
주소 서울시 양천구 목동 923-14 드림타워 제10층 1010호
전 화 070-4121-6304   **팩 스** 02)332-6306
메 일 pacemaker386@gmail.com
출판등록 2011년 8월 30일(신고번호 제313-2011-244호)

종이책 ISBN 979-11-86273-03-6   13320
전자책 ISBN 979-11-86273-04-3   15320